KB119189

# 우리는 중독을 사랑해

도우리 지음

# 우리는 중독을 사랑해

© 도우리 2022

초판 1쇄 인쇄 2022년 10월 13일
초판 1쇄 발행 2022년 10월 21일

**지은이** 도우리
**펴낸이** 이상훈
**편집인** 김수영
**본부장** 정진항
**편집1팀** 이연재 이윤주 김진주
**마케팅** 김한성 조재성 박신영 김효진 김애린
**사업지원** 정혜진 엄세영

**펴낸곳** (주)한겨레엔
**주소** 서울시 마포구 창전로 70 (신수동) 화수목빌딩 5층
**전화** 02-6383-1602~3  **팩스** 02-6383-1610
**출판등록** 2006년 1월 4일 제313-2006-00003호
**홈페이지** www.hanibook.co.kr  **이메일** book@hanien.co.kr

ISBN 979-11-6040-909-3 03300
*값은 뒤표지에 있습니다.
*파본은 구입하신 서점에서 바꾸어 드립니다.

환상적 욕망과 가난한 현실 사이 달콤한 선택지

# 우리는 중독을 사랑해

도우리 지음

한겨레출판

## 추천의 글


플랫폼 자본주의는 핸드폰과 돈만 있으면 모든 것이 가능하다는 '무한의 욕망'을 증폭시킨다. 미라클 모닝을 실천하고, 배민맛에 길들고, 방을 꾸며 업로드하고, 랜선 사수에게 일머리 팁을 전수받고, 당근마켓에서 푼돈을 벌고, 데이트 앱 프로필을 감별한다. 덜 나쁜 내일을 기대하며 잠들기 전 사주 유튜브를 본다. 《우리는 중독을 사랑해》는 힙함, 쿨함, '별점'과 '좋아요'에 감정 과부화된 우리가 왜 이렇게 수많은 플랫폼 소비에 집착할 수밖에 없는가를 밝혀준다.

이 책의 가장 큰 매력은 페미니스트 작가 도우리의 말처럼 "나의 너무 많은 것을 투사해버렸다"는 점이다. 독자들 또한 각자의 중독 상태가 놀랍도록 유사함을 발견할 것이다. 동시에, 디지털 초연결 사회에서 세계와 홀로 맞서, 지독히 일하고, 열심히 접속하고 소비하며, 고군분투

하는 자신에게 깊은 연민을 느끼게 될 것이다. 이처럼 재미있고, 통찰적이며, 공동의 미래를 열어가는 책은 당분간 없을 것이다.

- 김현미 (문화인류학 교수·《페미니스트 라이프스타일》 저자)

잠깐. 어제 새벽에 불닭볶음면 먹을 때, 엄지손가락 빠지도록 데이트 앱 돌릴 때, 다이슨 에어랩을 당근마켓에 되팔이할 때 도우리 작가가 옆에 있었나? 나만 아는 비밀이었는데. 가자미눈을 뜨고 읽어 내리다 어느새 홀린 듯이 이렇게 묻고 싶다. "언니, 짱이다. 그래서?"

도우리는 나만의 것이라 여겼던, 혹은 결코 내가 아니라고 믿고 싶었던 순간의 목격자다. 내 사소하고 위대한 중독의 전우다. 그녀는 내 몸을 칭칭 감고 있는 실오라기들을 춤추듯 나에게서 떼어낸다. 그것은 명쾌하고 신랄한 언어로 직조되어 다시 내 손 위에 올려진다.

나 진짜 구체적이고 복합적으로 엉망이잖아? 웃음이 터진다. 모든 나는 어느 정도 너라는 것을 확인한다. 엉망을 말하며 웃을 수 있다면 우리는 다음으로 나아갈 수 있지 않을까. 나는 우리를 연결하는 엉망이란 실을 잡고 한바탕 춤추고 싶어진다. 더 참신하고 명랑하게 엉망이 된다. 더 씩씩하게, 단단하게 매료된다.

- 양다솔 (《가난해지지 않는 마음》 저자)


　솔직히 중독이 뭐 나쁜가. 내 친구들도, 나도 전부 다 중독이다. 죽지 않고 살아남으려는 것에 중독이다. 그럴 수밖에 없는 삶에 중독이다. 열심히 살아야지, 남들 다 가는 길 나도 한번 가보고, 돈도 벌면서 적당한 안정도 취하고, 일도 하고 취미도 조금 해야 그게 사람 사는 것 아니겠는가. 자고로 21세기 갓반인이라면 내 권리 풀 장전한 상큼한 워라밸 정도는 쟁취해야 하는 것이다.

　하지만 누구는 '갓생'이라는데 도무지 신이 돌봐주지 않는 삶 같다. 그렇게 여기저기 널브러진 신의 삶이라면 도대체 무엇을 믿어야 하고 어떤 믿음을 가져야 한단 말인가? 이토록 많은 신이 삶의 주인공일 리 없다. 아무리 생각해도 이렇게 많은 갓생이 있다는 것은 조금 용납이 되지 않는다. 그런 생각이 들 때면 속이 부글거리는 기분이었지만 무엇을 누구를 탓해야 할지 잘 모르겠더라. 개인은 너무 작고 초라하며 소박하고, 사회나 시스템은… 들을 준비가 안 되어 있으니까.

　읽는 내내 머리가 지끈했다. 너무 나인 것과 너무 내가 아닌 것들이 마구 뒤섞여서 끔찍한 실루엣을 만들어 내는 것 같았다. 나는 그것을 이 책이라는 거울을 통해 계속 바라봐야만 했고, 끝내 납득해야 했다. 나도 이 기괴한 중독 사회의 과잉된 일부라는 것을.

우리는 모두 중독자다. 우리는 그것을 알고 있다. 동시에 무방비한 상태다. 그런 우리에게 가장 중요한 것은 현상을 파악하고 더 나은 방안을 모색하는 일일 테다. 그것에 결말이나 정답 따위는 없을 테지만, 우리가 손을 내밀어 준다. 같이 한번 뛰어들어 보자고. 이 지긋지긋하고 환멸 나는 중독의 세계로 가보자고. 잡은 손 놓지 말고, 계속 한번 살아 보자고.

- 박참새(북큐레이터·《출발선 뒤의 초조함》 저자)

# 들어가며: 자기 위로이면서 자해인 것

"여기도 보세요. 독특한 문화 트렌드가 있죠, 지금 한국 사회에. 같은 시기에 비슷한 양상들, 이제 보이시죠?"

〈한겨레21〉에 '문화 중독기'라는 부제로 칼럼을 쓸 때마다, 마치 영화 〈기생충〉(봉준호, 2019)의 기정(박소담)이 떠올랐다. 어떤 학술적인 근거나 통계 없이 어떤 현상들을 '중독 문화'라고 명명하는 게, 기정이 미술에 대한 전문성을 가장하려 '스키조프레니아 존schizophrenia zone'[1]이라는 말을 꾸며내 박 사장네 문제를 꿰맞추는 것처럼 느껴져서.

하지만 기정이 스키조프레니아 존이라는 말을 통해 박

---

1  봉준호 감독의 영화 〈기생충〉에서 기정은 오빠 기우(최우식)를 통해 박 사장네에 미술치료 선생님으로 소개된다. 기정은 박 사장의 아내 연교(조여정)와 처음 상담하는 자리에서 그의 아들 다송이(정현준)의 그림을 분석하는데, 우연히 다송이의 트라우마를 맞추게 된다. 이때 기정의 대사는 이렇다. "보통 그림 하단 우측 이쪽 부분을 스키조프레니아 존이라고 해서 신경정신과적 징후가 잘 드러난 곳으로 보거든요. 여기도 보세요. 독특한 형태로 그려놨죠, 다송이가. 같은 존에 비슷한 형태, 이제 보이시죠?" 여기서 스키조프레니아(schizophrenia)는 조현병을 뜻한다.

사장네가 지나쳤던 그들의 문제(그리고 기정 가족의 운명까지)의 구석을 붙든 것처럼, 중독 문화라는 이름도 우리 사회의 일면을 포착하는 데 효험이 있었다.

중독 문화라는 이름은 그날도 퇴근하고 씻지도 않은 채(손발은 씻었다) 방 매트리스에 누워서 핸드폰만 내내 보고 밤 12시가 다 되었을 때 떠올렸다. '오늘은 진짜 책상에 앉으려고 했는데…. 《플랫폼 자본주의》 읽어줘야 하는데…. 마지막으로 뉴스 본 건 언제지…. 넷플릭스 명작 시리즈라도 볼까? 근데 뭔가에 감명받을 기력이 없어…. 폼롤러라도 하던가…. 지금 이런 생각 중에도 이불에서 나올 생각 안 하고 이딴 월간 운세나 보고 있는데, 문화생활은 대체 언제 하냐고. 중독이다, 중독.' 그러다 이런 생각이 든 거다. '그냥 지금 중독된 이게, 내 문화 아닌가?'

문화의 정의야 학문적으로 많겠지만, 여기서 문화란 여가 시간을 할애하는 대상으로 보고자 한다. 그렇다면 내가 퇴근하고 내내 보는 사주 유튜브는 문화다. 습관적으로, 심지어는 사람을 앞에 두고서도 껐다 켰다 하며 얼마나 얻었는지 확인하는 인스타그램 '좋아요'도 문화다. 스트레스가 심할 때마다 찾던 불닭볶음면에 맥주 한 캔도 문화다. 미쳐 있었던 데이트 앱도, 발품 파느라 판매 수익

금보다 기회비용이 훨씬 더 들었던 중고 거래 앱도, 필라이트 맥주 캔을 따면서 봤던 백수 브이로그도 모두 문화다! 나는 이런 '콘텐츠'들을 통해 쉬는 시간을 보내며 어떤 시절들을 건너올 수 있었다. 그런데 왜 이것들은 문화라고 생각하지 못했을까? 아니, 문화라면 더 문제다. 나의 문화가 고작 이런 것들이라고? 오히려 내 적디적고 소중한 여가 시간을 낭비하는 느낌인데?

## "우린 애매하게 힙해"

비슷한 감각들을 떠올린다. 멜론 Top 100 위주인 플레이리스트를 남들에게 보이기 꺼려져 밖에서 음악을 들을 땐 괜히 스마트폰 밝기를 낮췄던 적이나, 사용하는 데에는 이상이 없는데도 갤럭시에서 아이폰으로 갈아타고 싶었던 때, 힙스터들이 드글거리는 한남동 힙카페에(왠지 그때의 내 옷차림으로는) 들어가면 안 될 것 같다고 생각했던 일….

"우린 애매하게 힙해." 내 친구 J의 말이다. 친구와 나는 적당히 빈티지 갬성으로 힙의 아우라를 살짝 풍기긴 해도 아주 세련된 편은 아니라는 뜻이다. 그리고 J는 아주 힙하려면, 최소한 조부모가 자수성가 해야 한다고 했다. 그래야 조부모가 자신이 못 배운걸 만회하기 위해 자식(우리의 부모)에게 교육을 쏟아 붓고, 비로소 손자(우리 세대)가 어릴 때부터 자연스레 그런 문화적 감각을 익힐 수 있다는 것이다. 모든 경우가 그렇지 않다해도 어쨌든 그건 우리가 서 있는 곳에 대한 이야기였다. 그리고 '중독'이라는 말은 그런 위치를 드러내기에 적합했다.

같은 질환을 앓더라도 고통은 다르게 겪는 것처럼, 같은 중독 물질이 주어졌다고 해서 모두가 거기에 중독되거나 같은 정도로 중독되는 건 아니다. 심지어 같은 중독 물질도 누가 하느냐에 따라 다르다. 예를 들어, 매일 똑같이 담배 한 갑을 피운다고 해서 모두가 같은 흡연자로 취급받지 않는다. 담배를 남자가 피우느냐 여자가 피우느냐에 따라 고뇌하는 남자 이미지와 '쉬운 여자' 이미지가 달리 씌워진다. 특히 전자에게 담배는 '비공식적이나 중요한 정보가 오가는 이야기 수단'이 되기도 한다. 또 누가 중독을 진단했느냐도 정치적인 문제다. 한 경제지에서는 실업급여 반복 수급자를 '실업급여 중독자'로 부르며 비난하는 기사를 보도했다. 하지만 중독자라는 이런 명명에는 점점 불안정해지는 노동 처우는 개선하지 않고 노동자가 근속하기를 바라거나, 고용보험 지급 의무를 회피하려는 입장이 가려져 있다.

내가 다루고자 하는 문화 주제들과, 몇 언론이나 소비 시장에서 언급하는 문화 트렌드는 상당수 겹친다. 다만 나는 중독된 자로서, 문화를 중독의 언어로 쓰고자 했다.

## '청년'은 단일하게 푸르지 않다는 것

청년 문화에 대해 말했거나 말할 사람들이라면, 방식은 달라도 모두 청춘靑春이라는 은유를 비틀거나 찢는 자들일 것이다. 문화 중독기를 연재한 칼럼의 이름 '청춘의 겨울'에서도 노골적으로 그런 뜻을 드러냈다. 말하자면 봄의 상징처럼 눈부시고 푸르른 모습만이 청년이 아니라고, 청춘에 겨울이 있다고. 당연히 '청춘'인 우리는 단일하게 푸르지 않다. 여성의 얼굴에 덧칠된 푸른색은 보랏빛으로 비춰지거나(여성-청년), '건강'하지 않은 몸에 발리면 변색되었다고 여겨지거나(아픈-청년), 노력해서 로열 블루 컬러가 되라고 강요당하거나(빈곤-청년), 아예 가려져 보이지 않게 되거나(퀴어-청년)…. 하지만 그 청춘이라는 담론을 건드리는 일은 보기보다 만만치 않았다. 그렇게 비틀어 짜내는 손과 뺨에 물든 푸른색을 씻어내고 싶으면서도 그 쪽빛이 자원이 된다 싶을 땐 스스로 푸른색 셀로판지를 덧대 보이는 일도 고백건대, 잦았다. 그럴 때 내가 존재하는 시공간의 계절을 감각하는 건 도움이 됐다. 눈을 감고 가만히 내 자리를 더듬어 보면, 분명 차가웠다. 그리고 가끔 참지 못하고 가쁜 숨을 내쉬는 또래들에게, 나처럼 희뿌연 입김이 보였다. 미리 주제를 설계하기보다 그 입김의 소리와 형상들을 따라가다 보니 갓생·배민맛·방꾸미기·랜선 사수·중고 거래·사주·안읽씹·데이트앱·좋아요라는 주제가 갈무리됐다.

다시 기정의 '스키조프레니아 존'이라는 말로 돌아오면, 그건 그림에 대한 분석이라기보다 지금 여기에 은폐된 것들을 끄집어내는 주문에 더 가깝게 들린다. 아홉 장의 중독 문화 이야기도 지금의 소비 트렌드 중심의 문화 생태계를 '오염'시키기를 바란다. 나는 《우리는 중독을 사랑해》가 여러 부족함에도 불구하고 재미있으리라는 확신이 있다. 그리고 그만큼 어느 누군가에게는 재미없기를.

2022년 10월
따뜻한 아이스 아메리카노의 계절에,
도우리

# 차례

추천의 글 ····················································· 4

들어가며: 자기 위로이면서 자해인 것 ··················· 8


1장  갓생 ························································ 17

\- 어른 되기 어려워진 시대에 어른 되는 법


2장  배민맛 ····················································· 41

\- 현대인의 필수 MSG


3장  방꾸미기 ·················································· 61

\- 누구나 예쁜 집에 살 수 있다는 달콤한 말


4장  랜선 사수 ················································· 85

\- 그 많던 사수는 누가 옮겼을까


5장  중고 거래 ················································ 107

\- 명품 가방부터 판매자의 노동력, 이웃까지 팝니다/삽니다

**6장 안읽씹**·········································· 133

- 톡포비아, 연결되지 않을 권리를 넘어


**7장 사주 풀이**······································· 149

- 나를 위로해줄 대안 종교의 시대가 도래했노라


**8장 데이트 앱**······································· 173

- 우리의 욕망은 끝이 없고 같은 실수를 반복하지


**9장 #좋아요**········································· 193

- #외로움 #중독 #사회


**나가며: 쓰기에 대한 쓰기들**························· 222

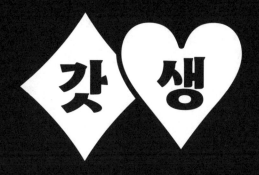

**어른 되기 어려워진 시대에**

**어른 되는 법**

나 운동 옴. 갓생 아니야??? ㅋㅋㅋㅋ

책 놔두고 영화 보러 갈 듯. 아 도파민 중독스. 갓생 언제
살아. 미친 듯.

불과 일주일 간격으로 이뤄진 친구와의 카카오톡(이하
카톡) 대화다. 그날의 투두리스트to do list를 좀 순조롭게 지
워 나간다 싶으면 '나 갓생 시작인가?' 했다가도, 결국 저
녁부터 밤늦게까지 유튜브만 보다 잠들 때면 '내일부터
진짜 갓생 산다'고 결심한다. 하지만 이 말을 할수록 어쩐
지 갓생과 거리가 더 멀어지는 거 같아서, 실은 저주문을
외우는 일일지도 모른다고 생각한다. 어쨌든 종종 뭔가를
해낼 때가 있으니 '간헐적 갓생'을 사는 중이다.

갓생god+生은 계획적으로 열심히 살며 타의 모범이 되는 성실한 삶을 뜻하는 신조어로, 이미 이름부터 형용모순이다. 절대자인 신에게는 '살아감'이라는 개념이 해당되지 않으니까. 이건 '짱-킹-갓'으로 이어져오는 한국 밈meme 문화의 계보, 부풀려져온 과장법일 뿐이긴 하다. 그런데 '짱, 킹'에서 '갓'으로 넘어갈 때 특이점이 왔다. 짱, 킹은 속세의 차원이었는데 갓에서 갑자기 홀리해졌다. 인간 세상에서의 최고를 넘어 절대 진리라는 가치를 내세운다. 그런데 웃긴 게, 갓생은 아침에 남들보다 조금 더 일찍 일어나고, 명상하고, 물 한 잔 마시고, 그날 등록한 운동을 빠지지 않고, 스킨케어 루틴을 하는 등 소소한 일련의 일상 실천이다. 갓생의 일부인 미라클 모닝이라는 말도 그렇다. 고작 아침 한두 시간 일찍 일어났다고 기적이 일어난다고?

1. 일찍 일어나보기!!! 조카 힘들어 보이지만 사실 누구나 할 수 있음. 6~7시 사이에 일어나봐.

2. 간단하게 세수 양치 하고 츄리닝+후드+모자+패딩 뒤집고 에어팟 탁 귀에 꽂아서 좋아하는 노래 무한반복해놔. 정재현이 커버한 〈I like me better〉(사운드클라우드에 있음),

slchld의 〈she likes spring I prefer winter〉두 곡 추천함.

3. 편의점 가서 초코케이크/마카롱 하나 먹고,

4. 9시까지 무작정 산책하기.

5. 집 들어와서 샤워해. 그러면 10시임. 평소에 일어나던 시간ㅋㅋ

6. 요가해. 이 앱 무료인데 짱 좋으니까 해봐. 한 10분 정도 몸 풀어. 엄마/자매랑 같이 하면 좋음.

7. 앉아서 단어를 외우거나 문제를 풀거나 하면서 1시간만 공부해.

8. 밥 먹어. 맛난 걸루!!

9. 또 앉아서 딱 2시간만 공부해!! 공부 끝나면 1~2시경임.

10. 간식을 먹고 쉬어. 폰은 하지 말고 쉬기!! 딱 20분만.

11. 이번엔 앉아서 딱 3시간 집중해서 공부하기!!!

- 〈하루라도 갓생 사는 법 알려줄게♡♡♡〉[1]


## 인간적인, 너무도 인간적인 갓의 삶


갓생이 더 골 때리는 건 '인간들의 인정'이 필요하다는

---

1 〈하루라도 갓생 사는 법 알려줄게♡♡〉, 네이트판, 2021.02.23., https://pann.nate.com/talk/357954569

거다. 갓생은 대부분 생산성 앱 혹은 인스타그램에 인증샷을 올리거나 트위터에서 '#갓생프로젝트', '#오늘부터 갓생1일' 등의 해시태그와 함께 게시글을 올리는 것으로 완성된다. 그 날 할 일을 팔로워들과 공유하고 서로 응원을 남길 수 있는 앱 '투두메이트todo mate', 공부 시간을 기록해주는 플랫폼 '열품타(열정 품은 타이머)', 자신이 공부하는 모습을 라이브로 공유하거나 다른 사람이 공부하는 모습을 보며 자극을 받는 유튜브 스트리밍 콘텐츠 '스터디 윗미study with me', 기상 시간이나 스크린 타임 등 목표를 정해두고 달성률에 따라 보증금을 돌려받는 앱 '챌린저스' 등 갓생을 전시하는 공간은 여럿이다. 이런 생산성 앱을 우리 몸에 상처 자국을 남기지 않는 '디지털 채찍'이라고 부르는 사람도 있다. 날카로운 풍자의 달인인 독일 작가 볼프강 M. 슈미트의 말이다. 슈미트는 생산성 앱이 엄격한 자기 감시와 자기 징벌 전략으로 "다만 (게으름이라는) 악에서 구할 뿐"이라고 말한다.

심지어 갓생의 보편타당한 기준에 대해 인간들끼리 갑론을박이 벌어지기도 한다. 다음은 갓생 논쟁을 일으킨 한 트위터 유저의 게시글과 그 밑에 달린 반응들이다.

확실히 안 먹는 게 답임. 온갖 살찌는 음식이랑 달달한 카페 음식 사진 찍어서 인스타 스토리 올리는 게 갓생일 거 같니, 살 쫙 빼서 몸 선 다 드러나는 옷 입고 스벅에서 아메리카노 하나 시켜서 ootd<sup>outfit of the day(오늘의 패션)</sup>랑 같이 사진 찍어 올리는 게 갓생일 거 같니? 닥후자 아님?
└ 금액으로 따지면 전자가 더 비싸. 성공한 인생임.
└ 전자 후자 둘 다 갓생 아닌가?
└ 찐갓생은 둘을 합친 거임.

입장이 어떻든 간에 기준은 비용, 외모, 타인의 시선이라는 속세의 그것이라는 점에서 갓생은 인간적인, 너무도 인간적인 삶이다. 하지만 갓생의 반대는 현생(현실 인생)이 아닌 혐생(혐오스러운 인생)인 걸 고려해보면 갓생이라는 표현은 그럴듯하다. 평이한 일상을 유지하는 것도 초인적인 노력이 필요한, 희귀한 일이 되었기 때문이다. 한 직장인 커뮤니티에선 이런 글을 발견했다.

나름 갓생 같은데 남는 게 없나. 8 to 5 일하고 퇴근하면 월수금 헬스, 화 피아노 레슨, 이직 준비+시험 기간 되면 자격증, 어학 시험 준비. 쓰니까 나만큼 갓생 살기도 힘든 거 같은데 막상 제대로 하는 게 1도 없다ㅋㅋㅋㅋ 그냥 허공에 돈 뿌리면서 자기 위안 삼는 스케줄인 듯.

이게 다 우리가 건물'주님'의 자손으로 태어나지 않은 죄다.

## 진짜 커피와 가짜 커피

나는 커피 애호가인데, 마시는 대부분은 가짜 커피다. 트위터 밈에 따르면 가짜 커피란 살기 위해 포션[2]처럼 마시는 커피이고, 진짜 커피란 날씨 좋은 날 회사나 학교가 아닌 진짜 카페에서, 아무것도 안 하면서 오로지 커피와 디저트를 먹을 때만 존재하는 커피를 말한다. 가짜 커피의 대표 격으로는 링거처럼 수혈하듯 마시는 1리터짜리 대용량 아메리카노, 카페인 성분을 거의 제거한 디카페인 커피가 있다. 특히 디카페인 커피는 주로 저녁에 일할 때 찾는 음료인데, 카페인의 각성 작용으로 뜬눈으로 밤을 지새우는 일을 막기 위해서다. 디카페인 커피의 복

---

2   물약을 뜻하는 영어 단어(potion)로, 한국에서는 주로 게임에서 에너지를 회복시켜주는 아이템을 말한다.

용법은 '원효대사 해골물' 기법이다. 마시는 순간마다 이 검은색 탄 맛 물은 진짜 커피일 따름이라고 세뇌하면 된다. 더 흥미로운 건 커피의 진위를 가르는 데 맛 얘기는 빠져 있다는 거다. 나도 커피의 진정한 맛은 원두의 원산지나 품질, 로스팅이나 그라인딩 방식보다도 커피를 마시는 맥락에서 추출된다고 생각하는 쪽이다. 단지 관념론이 아니다. 일하는데 줄곧 입에 머금고 있는 커피가 맛이 없으면 화까지 날 때가 있다. 아로마니 바디감이니 커피 소믈리에 납신다. 우리나라에서 파는 2000원도 안 넘는 테이크아웃 커피나 편의점에서 내려 먹는 커피의 맛이 세계 상위권인 것도 나 같은 사람이 많아서가 아닐까. 반면 작업용 노트북 따위는 방에 떨궈두고, 코딱지만 한 미니 백을 메고 집을 나서서 평소에 봐둔 분위기 좋은 카페에 가서, 햇살이 비치는 통유리 창 너머 시티뷰를 내려다보며, 쫓기는 마감 기한도 딱히 없이 예쁜 유리잔에 홀짝이는 아메리카노? 그냥 검은 물에 탄 향만 내줘도 충분하다. 반가운 사람들과 함께 수다 떨며 곁들이는 커피도 그렇지 않은가. 그럴 때 마셨던 커피의 맛은 기억에 잘 없다. 굳이 떠올려보자면 카페에서 비치한 딥티크 향초 냄새 정도다(하지만 이 커피마저도 SNS에 인증하기 위한 용도로 사진을 찍으며 시간을 보내는 순간 가짜 커피로 전락한다).

갓생을 위해서는 당연히 진짜 커피를 마실 틈이 없다. 회사에선 할 일들을 해치우기 위해서(탕비실엔 맥심 믹스커피 혹은 좀 신경 썼다 하면 카누가 비치돼 있기도 하지만, 회사맛(?)이 나서 잘 마시지 않는다), 가짜 퇴근 후 스타벅스에 출근해 사이드 잡side job(지금 다니는 직장은 언제 잘릴지 모른다)을 해치우기 위해서는 카페인이 필요하다. 요즘 갓생러들은 여기서 더 나아가 진짜 점심 말고 가짜 점심을 먹는다. 점심시간에 점심만 먹는 게 낭비라는 거다. 점심시간이 되면 15분 만에 밥을 먹고 직장 근처 피트니스센터에서 운동하거나, 당근마켓을 통해 물건을 사고팔아 용돈벌이를 하는 문화[3]도 있다고 한다. 보통 독기가 아니다.

가짜 커피 과다 복용 증상인가…. 점점 진짜와 가짜를 구별하기 어려워진다. 앤 헬렌 피터슨은 《요즘 애들》에서 이런 말을 한다. "나는 토요일 아침마다 긴 시간 달리기를 하는 이유가 내가 달리기를 좋아해서인지, 아니면 달리기가 내 몸을 단련시킬 생산적인 방법이어서인지 헷갈린다. 내가 소설을 읽는 건 소설 읽기를 좋아해서일까, 아

---

3   신도리안, 〈'갓생' 사는 MZ세대 직장인은 출퇴근부터 점심시간까지 알차게 써요〉, 신도리코 블로그, 2022.01.21., https://www.sindohblog.com/2300

니면 소설을 읽었다고 말하기 위해서일까?"[4] (피터슨도 분명 가짜 커피러일 것이다.) 갓생을 위해 커피를 마시는 일 하나에도, 점심을 먹을 때도, 심지어 취미를 즐기거나 휴식할 때조차 끊임없이 생산성과 쓸모를 생각하는 습관 탓에 진짜 삶을 산다는 감각과 점점 멀어지고 있다. 신에게도 안식일은 있었는데 말이다.

갓생이 곧 가짜 커피를 마시는 삶이라면 진짜 커피를 마시는 삶은 언제 살 수 있는 걸까? 결국 진짜 커피란 넥타르nektar(그리스 로마 신화에서 신들이 마시는 술)처럼 그림 속 커피나 마찬가지일 뿐일까.

## 여성 청년의 갓생

갓생 타령은 세계적 현상인데 미국 버전은 댓걸that girl, 중국 버전은 양생养生이다.[5] 미국 청년들 사이에서 일상이 된 ADHD 약물 문제를 다룬 넷플릭스 다큐멘터리 〈슈퍼맨 각성제(Take Your Pills)〉(2018)에는 이런 대목이 나온다. "성공적인 대학 생활을 위해서는 두 가지만 준비하면 된

---

4  앤 헬렌 피터슨, 박다솜 옮김, 《요즘 애들》, 알에이치코리아, 2021, 285~286쪽.
5  김희연, 〈MZ세대가 넷플릭스 대신 철학 구몬 구독한다고? 갓생 마케팅 사례 9〉, 캐릿, 2022.05.04., https://www.careet.net/738

다. 인스타그램 그리고 애더럴adderall(암페타민계 ADHD 치료
제)." 젊은이들이 약물에 취하는 것이 과거엔 일탈을 위해
서였다면, 이젠 학교생활에 완벽히 적응하기 위해서라는
것이다. 2010년대 초반까지만 해도 '에피병(영국 드라마 〈스
킨스〉 여주인공 에피처럼 치명적인 흉내를 내는 증상)'이 유행했다.
클럽에서 밤새도록 술을 들이켜고 내일이 없다는 듯이 흥
청망청 놀다 지갑 하나쯤 잃어버리는 게 젊음의 상징처럼
여겨지던 시대의 끝물이었다. 하지만 갑자기 어디선가 백
신이 보급되었는지 에피병은 싹 사라졌다. 대신 갓생 브이
로거들을 보며 미라클 모닝을 실천하고, 주식과 부동산을
공부하고, 각종 건강 보조제를 털어 먹고, 운동하고, 바디
프로필을 찍고, 시간 관리 하는 갓생러들이 출현한 것이다.

특히 댓걸은 여성 청년의 갓생에 특화돼 있다. 댓걸이
란 평소 바라던 '바로 그 여자'라는 뜻이다. 내용은 조금씩
다르지만, 댓걸의 일과는 이렇다. ① 아침 5~6시에 일어
난다. ② 커튼을 걷고 신선한 공기를 들이마신다. ③ 예쁜
컵에 물을 따라 마시며 수분을 보충한다(이때 컵을 쥐는 손가
락에는 아찔한 네일 팁이 반짝인다). ④ 필라테스 등 아침 운동을
한다. ⑤ 뷰티 루틴(팩, 로션 바르기, 메이크업 등)을 진행한다.
⑥ 하루 계획을 세운다. ⑦ 감사 목록을 적는다. ⑧ 예쁘게

차린 샐러드와 프로틴 셰이크로 아침 식사를 한다. 저녁 일과도 있지만 주로 아침 일과가 중심이다. 당연히 '배민맛'[6] 따위가 들어설 여지는 없다.

누군가 댓걸은 우리나라로 따지면 '훈녀생정(훈녀가 되기 위한 생활 정보)'이라고 했는데, 이렇게 레이블링된 여성상의 계보를 줄줄이 사탕처럼 읊을 수 있다. 프로아나pro-ana(거식증 치료를 거부하고 마른 몸을 추구하는 사람), 여자력女性力(남성에게 매력적인 여성스러움의 정도를 뜻하는 일본 유행어), 알파걸α-girl(남성의 능력에 뒤지지 않는 여성), 골드미스gold miss(학력과 재력을 갖춘 30~40대 여성), 개강여신(방학 동안 몰라보게 예뻐진 여대생), 그리고 더 거슬러 올라가면 현모양처까지. 핑크택스pink tax(같은 상품이라도 여성용이면 더 비싸지는 현상) 리본으로 동여맨 것이 공통점이다. 뒤집어 말하면, 댓보이that boy, 훈남생정, 남자력, 골드미스터, 개강남신, 현부양부는 없다.

인도의 칼럼니스트 샤마니 조시Shamani Joshi는 칼럼에서 틱톡 속 댓걸 실천기를 공유했다. "달걀 프라이를 얹은 글루텐프리 토스트를 만들어 봤어요. (중략) 잠이 부족했던 나는 프라이를 망쳤고 (중략) 그 토스트는 맛있었는데도 충분히 미적이지 않다는 이유만으로 나 자신이 무능

---

6  '배민맛'은 이어지는 2장에서 더욱 자세히 설명한다.

하고 어떤 성취도 할 수 없다고 느끼게 했어요."[7] 그는 보기에 예쁘게까지 하는 댓걸이 되기 얼마나 어려운지 몸소 겪으며 댓걸이 되기 어렵다고 결론짓는다. '번아웃된 그 여자'가 되는 게 괜찮은 게 아니라면 말이다. 그러면서 날카롭게 짚어낸 부분은, 댓걸이 어느 정도의 사회경제적 배경의 이성애주의자 백인 여성이 주로 따르는 이야기라는 점이다. 꼭두새벽부터 일어나 아침을 준비하려면 노동에 절어 있지 않아야 한다. 그런데 이것만으로 높은 조회 수와 많은 '좋아요'를 끌어모으기에 불충분하다. 댓걸 콘텐츠에서 주로 취급하는 건 바비인형처럼 마르고 하얗고 젊은, 미의 스테레오타입을 따르는 여성들뿐이다.

갓생 역시 마찬가지다. 억만장자들의 습관이라는 미라클 모닝은 1년 동안은 실천해야 효과가 있다는데, 한 달도 안 돼 실패했다는 후기가 차고 넘친다. 미라클 모닝 실천으로 유명한 사람들은 이미 고스펙의 능력자들이다. 대체로 타고난 능력을 더 월등히 기르기 위해 '노력'하는 데에만 집중해도 되는 환경과, 그 능력을 배가시킬 자원들이 엿보인다. 미라클 모닝에는 이런 미라클 조건도 받쳐줘야

7 Shamani Joshi, 〈I Tried To Be TikTok's 'That Girl' for a Week〉,《VICE》, 2021.09.09., https://www.vice.com/en/article/5db8ek/tiktok-youtube-viraltrend-that-girl-internet-genz-challenge

하는 것이다. 미라클 모닝을 실천하는 사람이 미라클 라이프를 산다기보다, 미라클 라이프를 사는 사람에게 미라클 모닝이 손쉬운 건데, 인과 관계가 뒤집혀왔던 건 아닐까? 그래서 이런 말이 도는 거다. "갓생 사는 법 공유함: 다시 태어나."

여성 청년에게 갓생이 더욱 유해해 보이는 이유가 있다. 유리천장의 존재다. 갓생은 대체로 정규직의, 고임금 화이트칼라 사무직 혹은 전문직이 되는 걸 전제로 한다. 이런 자리는 청년들 전체로 따져도 바늘귀인데, 여성 청년에겐 더욱 비좁은 문이다.

## 리추얼과 루틴

갓생 트렌드의 주요 키워드는 '리추얼ritual'이다. 무의식적으로 그냥 하는 행동이 습관, 그런 습관들을 묶는 것이 루틴routine, 그 루틴에 의미를 부여하는 것이 리추얼이다. 아침에 일어날 때마다 물 한 잔 마시는 건 습관이고, 기상 후 물 한 잔 마신 뒤 침구를 정리하고 아침을 챙겨 먹는 일련의 행동들은 루틴이고, 아침을 하루의 시작이라고 의미 부여하고 그걸 되새기기 위해 명상하는 건 리추얼인 것이다.

이러한 리추얼에 대한 노하우를 전수하고 조언하는 강사를 '리추얼 메이커'라고 부르고, 이 리추얼을 통해 자아성장을 할 수 있다는 슬로건을 내건 플랫폼 기업도 생겼다. 이 플랫폼에서는 리추얼 형성을 돕는다는 노트 같은 굿즈들도 판매한다.

그런데 철학자 한병철은 그의 책《리추얼의 종말》에서 오히려 이 사회에 리추얼이 끝을 맞았다고 선언한다. 도처에 리추얼 대신 강박적인 반복이 있을 뿐이며, 이 반복의 목적은 생산성이라는 것이다. 정말 그렇다. 리추얼 관련 상당수의 콘텐츠들이 '시간을 주체적으로 조직해 개인의 성장을 이끄는' 일이라고 강조한다. "직업군을 막론하고 성취도가 높은 사람들은 대부분 자신만의 리추얼을 지니고 있다"[8] 같은 문구는 리추얼에 관한 명언으로 회자된다.

또 리추얼을 '오직 나에게 집중하는 시간'이라고 정의하는 한, 리추얼 서비스 업체의 설명처럼 리추얼 트렌드에서 일관적으로 강조하는 것은 '나'이다. 반면 한병철은 이와 정반대의 정의를 내린다. 리추얼은 나르시시즘적 내면성과 거리가 먼 것으로, 자기 내면을 파고드는 대신 외

8  마이클 하얏트, 정아영 옮김,《초생산성》, 로크미디어, 2021, 175쪽.

부로 시선을 돌려야 하기에 자기 거리와 자기 초월을 만들어낸다고 한다. 리추얼 콘텐츠를 이용하는 멤버들끼리 리추얼 행위를 인증하는 문화에 대해서도 한병철은 비판적인 입장일 것이다. 그는 같은 책에서 "'좋아요', 친구, 팔로워는 공명의 토대를 이루지 못한다. 이것들은 자아의 반향을 강화할 따름"[9]이라고 지적한다. 특정 리추얼을 중심으로 묶인 커뮤니티(혹은 그 커뮤니티에 속하기 위해 돈을 지불하는 서비스)는, 그에 따르면 공동체의 소멸 단계다. "공동체의 상품 형태이자 소비 형태에 불과하다. 커뮤니티에는 어떤 형태의 상징적 결합력도 없"[10]기에.

리추얼 콘텐츠들은 그래도 갓생보다는 생산성을 덜 강조하는 편이긴 하다. 지친 상태에서는 돈을 좀 내고서라도, 생활 습관이 잘 잡혀 있거나 오랜 해외 경험을 통해 이국적인 공기를 풍기는 사람들이 기획한 콘텐츠를 그대로 따라 하면 혼자 할 때보다는 그럭저럭 재미도 있고 힐링이 될 것 같긴 하다. 공동체가 다 소멸됐으니 '#리추얼'로 묶이는 커뮤니티라도 속하면 그게 어디인가 싶은 생각도 든다. 하지만 리추얼을 위해 오로지 소비만 하는 방법만

9　한병철, 전대호 옮김, 《리추얼의 종말》, 김영사, 2021, 21쪽.
10　위의 책, 24쪽.

존재하는 것은 아니다. 특히 미라클 모닝은 자본주의적 슬로건만이 아니다. 불과 몇 년 전에 '저녁이 있는 삶'이라는 정치적 슬로건이 있었던 것처럼, '아침이 있는 삶'에 대한 의제이기도 하다. 질 좋은 시간이란 차원에서의 미라클 모닝은 누구에게나 확보돼야 한다. 매일 1시간만 질 좋은 시간을 확보해도 개인에게 기적이 일어난다면, 모두에게 이런 시간이 주어지면 어떤 일이 일어날까. 내가 아는 가장 가까운 미라클 모닝 관련 제도는 주 4일제다.

## 어른 되기와 갓생

한편으론 갓생은 '마치 일상력을 지키는 생활 방식이야말로 최선이며, 이 주장에 어떠한 반박도 받지 않겠다'라는 의지 혹은 피로감을 드러내는 말 같다. 그동안 제시된 좋은 삶의 표본이 거듭 바뀌어왔기 때문이다. 크게 보면 '근면 성실-웰빙-자기 계발-멘토-시크릿-워라밸·힐링'의 흐름이었다. 우리나라가 IMF에 구제금융을 요청하기 전, 그러니까 평생직장의 개념이 건재하던 시기에는 근로 소득이 약속하는 미래가 지금보단 확실했기에 '근면 성실'이 중요했다. 외환 위기 이후에는 그런 약속들이 백지수표로 바뀌기 시작했고, 무조건 열심히 일하기보다 유기농 채소를 먹으며 건강을 챙기는 '웰빙' 열풍이 불었다. 그리고 책《아침형 인간》을 선두로, 조직 대신 자기 자신의 스펙을 믿는 자기 계발 붐이 불었다. 비슷한 시기, 근면 성실이라는 믿음이 깨진 자리는 오컬트가 봉합해주고 있었다. 간절히 원하면 온 우주가 도와줄 거라는《시크릿》, 우리 몸의 70퍼센트를 이루는 물이 말과 문자, 음악을 알아들으니 예쁜 말을 많이 하자는《물은 답을 알고 있다》는 당시를 풍미했다. 하지만 자기 계발로도 상황이 딱히 나아지지 않자 사람들은 멘토를 불러 '독설'을 듣기 시작했다. 그마저도 곧 그 멘토들의 학력 위조가 발각되고 인성 논란이 일어 그들을 둘러싼 사회적 후광도 사라져버렸지만. 뒤이어 사대주의에 힘입어 '선진국'의 멘토링인 TED 강연도 인기를 끌었으나, 결국 멘토란 자기 자랑+꿈팔이라는 것이 드러나자 그 관심도 시들해졌다. 사람들은 완전히 지쳤고, 그 자리를 '힐링'이나 '욜로YOLO, You only live once (한 번 사는 인생 제대로 즐기자는 뜻)'가 채웠다. 이때쯤 '꼰대'라는 말이 유행하기 시작하면서 중장년층의 성공 키워드였던 '노오력'이 통하는 시대는 끝이 난 듯했다. 그런데 지금, 다시 '갓생'이라는 생산성에 대한 숭배가 부활한 것이다.

다만 갓생의 생산성은 자기 계발 때와 다르게 '일상 관리'로 축소되었다. 자기 계발은 '취직-내 집 마련-결혼-출산'이라는 생애주기를 향해 가방끈을 늘이거나 자격증을 따는 것이었다면, 갓생은 그런 '정상' 생애주기 레일이 군데군데 끊어져버린, '(전통적인 의미에서의)어른 되기' 자체가 어려워진 시대에 자기를 관리하는 쪽이다.

"현대의 밀레니얼은 대체로 성년기를 존재의 상태가 아니라 행동의 연속으로 여긴다. 그리하여 '어른 되기'는 동사가 되었다."[11] 앤 헬렌 피터슨이 《요즘 애들》에서 어른됨의 스트레스를 지적하는 글을 소개한 대목이다. 어른됨의 일부인 투두리스트를 완수하는 게 어려운 건 현 시대를 사는 일이 그 어떤 시대보다도 살기 쉬운 동시에 헤아릴 수 없이 복잡해서라고 한다. 하루 중 단 한 방울의 시간을 흘리는 것조차 큰 출혈이 된 것이다. 그래도 자기 계발 서적만 넘쳐난다고 욕하던 시절에는 지금보단 적당히 게으를 수 있었던 때였다. 애플워치나 수면 관리 앱이 내 운동 시간이나 수면 시간, 수면의 질까지 세세히 측정하고 알려주지 않았으니까(AI: 현재까지 운동량은 지난주에 비해 3시간 28분 감소하였

---

11 앤 헬렌 피터슨, 박다솜 옮김, 《요즘 애들》, 알에이치코리아, 2021, 16쪽.

습니다). 적어도 휴가지에서 일한다는 '워케이션workation'이라는, 휴가 때도 노동해야 한다는 말을 그럴듯한 영어로 버무리는 몰염치는 없었다.

이런 만성적 번아웃의 시대에 아침에 일찍 일어나는 것만으로도 미라클이고, 매일매일 루틴을 지키는 건 신의 경지가 될 수밖에 없다. 통근하느라 길바닥에 시간과 체력을 버리거나, 가사 노동과 육아 혹은 간병을 병행해야 하거나, '건강'한 몸이 아니라면 더더욱 노동 로봇으로 변신할 수밖에 없을 것이다. 이런 삶은 너무 비인간적이라는 점에서도 갓생이라고 불리는 걸지도 모른다. 그리고 오토튠으로 이런 음성을 출력할 것이다. '휴식? 그게 뭐지? 관절에 기름칠이나 해줘, 형씨.'

## 행복 산업으로서의 갓생 말고

페미니스트 학자 사라 아메드에 따르면, 갓생을 약속하는 산업은 일종의 행복 산업이다. 김예란 미디어영상학부 교수는 사라 아메드의 설명을 빌려, 지금 시대에는 행복 산업happiness industry이 융성 중이라고 말한다.[12] 행복해지

---

[12] 이희은·채석진·김예란 외, 《디지털 미디어와 페미니즘》, 이화여자대학교 출판문화원, 2018.

는 것이야말로 현대인의 최대 목표이며, 웰빙·웰다잉·웰에이징 등 이를 달성시켜준다는 마케팅이나 셀러브리티, 상품이 넘쳐난다는 것이다. 갓생도 이런 행복 산업의 일부다.

갓생을 둘러싼 콘텐츠의 면면이 삶의 방식이라기보다 마케팅 산업에 더 가깝다는 것은 주변을 둘러보면 쉽게 알 수 있다. 한 호텔은 "와이파이와 PC만 있다면 어디서든 일할 수 있어"라며 객실 패키지 상품으로 '직장인 #갓생살기 프로젝트'를 내걸었고, 한 오피스 용품 기획전은 '직장인 갓생 살기'라는 코너를 만들어 '갓생 필수템'으로 데스크탑과 모니터 등을 판매했다(모니터에는 '기량 발휘 아이템: 보고서 마스터, PT의 신으로 거듭나기 위한 필수 아이템!'식의 문구가 붙여졌다). 식료품부터 미디어까지 갓생을 스토리텔링 포인트로 삼은 마케팅을 펼치지 않는 분야가 없다. 나도 친구랑 갓생기획 상품인 '갓생 맥주'를 벌컥벌컥 마시며 갓생 산업에 일조한 바가 있다.

사라 아메드는 《행복의 약속》에서 대안적인 행복의 역사를 제시하며 "행복이 어떤 식으로 어떤 것들만 유망한 것으로 보이게 만드는지에 대한 나만의 접근법을 발전시키는 것"[13]이라고 설명한다. 그리고 그건 행복이라기보다 오히려 '불행 아카이브'인데, 이 흔적은 "페미니스트, 퀴어, 반인종주의 역사에서뿐만 아니라 사회주의적·혁명적 정치 참여 양식에서도 찾아볼 수 있다"[14]라고 말한다. 나는 이 대목에서 갓생의 연관 검색어로 "페미 용어"가 있던 게 떠올랐다. 그렇다면 갓생의 의미를 페미니스트 라이프 스타일로 전유할 수 있겠다는 아이디어도.

성공의 등급을 매기고, 내 주변 다섯 사람의 평균이 자신의 수준이므로 성공한 사람들 위주로 사귀어야 한다는 《미라클 모닝》식의 갓생 가치관이 오히려 혐생일 수 있다. 피부 관리 루틴과 다이어트 식단으로 아름다운 외모를 유지하는 것이 최고의 삶이라는 21세기 악마의 속삭임에 정신 줄을 붙잡고자 한다. 그리고 하루하루의 성취에 집착하기를 그만두고 이렇게 생각할 결심이다. "걍 한국에서 페미 소리 들으면, 특히 남초에서 그런 소리 들으면 갓생 살고 있다는 거임ㅋㅋㅋㅋㅋㅋ 칭찬 땡큐!!"

13  사라 아메드, 성정혜·이경란 옮김, 《행복의 약속》, 후마니타스, 2021, 39쪽.
14  위의 책, 39쪽.

현대인의 필수 MSG

오늘 뭐 먹지? 딱히 땡기는 건 없고, 나가긴 귀찮고, 배는 채워야겠고. 잠들기 전 넷플릭스에서 뭘 볼지 고민하다 단편 하나 볼 시간 지나는 것처럼, 배달 앱 메뉴나 평점, 할인 여부를 확인하다 주문 밀릴 시간이 다 되어버린다. 이번에 새로 오픈해서 할인 이벤트를 잔뜩 끼얹어주는 가게에서 마라샹궈를 주문한다. 예상 배달 도착 시간을 수시로 확인한 끝에 초인종이 울리고, 음식을 받고, 포장을 뜯고, 사진 한번 찍어주고, 젓가락으로 포두부 하나를 집어 한 입 베어 문다. 이윽고 내 혀에 퍼지는 '배민맛'.

배민맛이란? (다들 이 말을 보자마자 이미 뜻을 직감할 것이다.) 문 앞에 배달된 음식을 집 안에 들일 때부터 풍기는 뜨거운 비닐 기름 범벅 냄새를 맡으며, 배달 음식의 포장 비닐을 대충 찢어내 유튜브를 보며 허겁지겁 먹고, 남은 소스나 밑반찬이 아까워서 깨작거리다 과식하게 되고, 지하철 역사를 가득 채운 냄새에 이끌려 산 델리만쥬마냥 막상 다 먹고 나면 그렇게 맛있지 않아 실망하고, 버리기 전 퐁퐁을 가득 짜 헹궈봐도 벌건 고추기름이 번들거리는 빈 플라스틱 용기들을 허탈하게 바라보며 '이젠 정말 배달 음식 끊어야지' 결심하기까지가 모두 배민맛이다.

신기한 건 똑같은 가게의 같은 음식이라도 직접 식당에 가서 먹으면 괜찮다는 것이다. 음식이 조리되면 배달 가방에 묵어 있지 않고 곧바로 먹을 수 있고, 플라스틱 용기 대신 도기 그릇에 담겨 있고, 설거지 같은 뒷정리를 내가 하지 않아도 된다는 차이가 있어서일까. 하지만 이런 조건들은 일각일 뿐이라는 걸 배민맛을 혀에 굴려본 사람이라면 분명 알아차릴 수 있을 것이다.

## 불닭앤카스맛, 스벅맛, 마늘주사맛

"이 제품들은 배민맛을 내는 데 사용한 제품과 같은 제조시설에서 제조하고 있습니다"라고 쓰인 맛들이 있다. 불닭앤카스맛, 스벅맛, 마늘주사맛. 그리고 모두 '나를 망

치러 온 나의 구원자' 향이 난다.

먼저 '불닭앤카스맛'. 일이 몰아닥치는 시즌엔 불닭볶음면에 맥주 한 캔이 그렇게 당겼다. 스트레스가 쌓일수록 찾게 되는 스코빌 지수(고추과 식물의 매운맛을 측정하는 데 사용되는 척도)와 알코올 농도는 비례 관계일 수밖에 없으니까. 이런 의미에서 불닭볶음면 코너는 일종의 약국이다. 스트레스 단계에 따라 기가 막히게 맛 처방을 내려준다. 스트레스가 너무 심하면 핵불닭볶음면, 질리면 까르보·로제·짜장 불닭볶음면, 그 와중에 건강을 챙겨보고 싶으면 라이트 불닭볶음면을 '복용'하면 된다. '이젠 정말 불닭볶음면 끊어야지' 결심하지만 주기적으로 실패한다.

'스벅맛'을 아는 사람도 있을까? 스벅맛은 스타벅스에서 파는 베이커리, 특히 샌드위치 라인에서 나는 맛이다. 스타벅스가 카페라는 이름의 공유 오피스라는 건 공공연한 사실이다. 특히 마감을 앞둔 주간이면 아침에 스타벅스로 출근해 저녁에 퇴근하는 생활을 반복했는데, 그때 끼니를 모두 스타벅스 샌드위치로 때웠다(식당에서 밥을 먹고 다시 카페에 가기엔 또 음료를 사는 비용이 부담됐다). 그럼 그날은 0.5평 너비의 자리 하나가 작업실이자 휴게 공간이자 구내식당 식탁이 되는 거다. 배고픔을 때우기 위해 어쩔 수 없이 키보드를 두드리며 샌드위치를 씹어 먹을 땐 '여기에 줄무늬 티셔츠까지 입어주면 딱 감방 신세'라고 생각하며 혼자 웃기도 했다. 마감이 밀렸다는 압박감, 이렇게 해도 원고료로는 커피값만 겨우 번다는 자괴감이라는 소스가 범벅된 맛이기도 했다.

'마늘주사맛'도 비슷하다. 온몸이 쑤셔 도저히 회사에 출근할 기력이 없을 때 시차(시간 단위로 내는 연차)를 내고 링거를 맞곤 했다. 회사 근처엔 꼭 칵테일 주사를 엑스배너로 광고하는 내과가 있고, 이런 병원엔 대체로 입원실보다 더 넓은 링거 룸이 있다. 여기에서 1시간가량 링거를 맞으며 한숨 자고 나면 가까스로 좀비를 면했다(링거를 맞으나 그냥 한숨 푹 자나 효과가 같다며 플라세보 효과라는 주장이 있지만 동의할 수 없다). 내가 대체로 맞은 건 '마늘 주사'다. 처음엔 이게 마늘 성분을 링거에 첨가한 건가, 한국인이 마늘의 효능에 과몰입해 탄생한 상품인가 했다. 알고 보니 주성분인 비타민 B가 내는 고유의 냄새 때문이었다. 정말 이름처럼 링거를 맞고 5분만 지나도 코와 입에서 마늘 향이 맴돈다. 아껴둔 시차를 어쩔 수 없이 써버리며, 내 하루 일당의 절반을 지불하며 맡는 마늘 향은 알싸했다. 일을 줄여달라거나, 병가를 내면서 주휴수당을 포기하는 선택지는 없었으니 주기적으로 피곤할 때 주기적으로 맞았다.

배민맛과 불닭앤카스맛, 스벅맛, 마늘주사맛이 모두 같이 제조되는 시설은 대체 어떤 구조로 돼 있을까? 우선 그 부품 중 하나는 '도시 노동자 라이프스타일'이다.

## 자본 없는 자본주의 인간

김현미 문화인류학 교수는 《페미니스트 라이프스타일》에서 도시 노동자의 휴식은 곧 소비라고 말한다. "배달 음식을 시켜 먹고, 쇼핑 사이트 둘러보고, 게임하고, 넷플릭스나 유튜브를 보는 등 소비할 것과 놀 것이 너무 많고, 폐쇄 회로처럼 여기서 나오기가 힘들지요."[1]

김현미 선생님, 제 회로를 언제 사찰하셨죠, 이런 생각이 들 정도로 내 휴식 시간은 대체로 이 대목에서 묘사한 대로다. 배민맛의 또 다른 연관검색어는 '넷플릭스맛'이다. 넷플릭스맛이란 배달 음식이나 편의점 음식으로 끼니를 때우면서 보는 적당히 자극적이고 적당히 여운이 남는 넷플릭스 작품을 가리킨다. 사람들도 배민맛이 넷플릭스와 같은 현대인의 라이프스타일과 엮인 문제라는 걸 눈치채고

---

1   김현미, 《페미니스트 라이프스타일》, 반비, 2021, 100쪽.

있는 것이다. 배민맛에 길들여져 있다면 그 자체로 미장 센이니 작가주의니 음미할 미뢰도 만성 마비 상태일 거라는 걸. 비슷하게 유튜브에서 영화의 주요 장면만 요약해 보여주는 '결말 포함' 콘텐츠, 10화짜리 드라마를 1시간 이내에 요약해서 보여주는 '몰아보기' 콘텐츠도 유사한 맛을 낸다.

어쩌면 나는 '자본 없는 자본주의 인간'일지 모른다. 평소 소비 자본주의 체제를 비판하고 대안적인 삶을 지향한다고 생각했는데 실상을 보면 페트병을 버릴 때 비닐을 꼭 분리해주거나 천연 수세미를 사용하는 정도를 제외하곤 별 다를 바 없는 라이프스타일에 맞춰져 있기 때문이다. 가만히 생각해보면 이런 라이프스타일이 그렇게 나쁜지도 모르겠다. 배민맛이 좀 찜찜해서 그렇지, 장 보고 요리하는 시간을 이만큼 아껴주는 걸 따지면 계속 맛봐도 상관없을 것 같다. 그렇게 아낀 시간들로 못다 한 일을 하고, 경력을 쌓고, 돈을 좀 벌면 그때 가서 대안적인 삶 좀 챙겨도 되지 않을까? 과장 좀 보태, 배민맛은 나라가 허락한 유일한 마약일지도 모른다. 배민맛, 불닭앤카스맛, 스벅맛, 마늘주사맛, 편의점맛, 레토르트맛이 없었다면 도시 노동자로 생존할 수나 있었을까?

배민맛은 도시 노동자의 퇴근 후 휴식 때뿐 아니라 점

심시간의 필수재이기도 하다. 도시 노동자 라이프스타일의 가장 큰 특징은 '점심시간=1시간'이다. 왜 1시간밖에 안 될까? 식당까지 걸어가고, 주문하고, 음식을 기다리고, 식사를 하고, 계산하고, 화장실도 들르고, 테이크아웃 커피를 주문하고, 또 기다리고, 음료를 받고 사무실까지 걸어가는 시간을 산책으로 겸해도 너무 빠듯한 시간이다. 은행 업무나 병원 진료를 볼라치면 식사를 포기하더라도 지각이 간당간당한 시간이다(그래서 점심을 같이 먹을 때 '천천히 꼭꼭 씹어 먹느라' 식사 시간이 30분을 넘는 동료는 민폐가 된다). 또 지하철이나 버스를 타고 나갈 만큼 떨어져 있는 식당에 가는 것도 사실상 불가능하니, 점심시간 1시간은 언제든지 유사시 부를 수 있도록 직장 근처에만 묶어두는 시간이기도 한 셈이다. 이 모든 것이 '밥을 안 먹이면 생체 노동 기계가 돌아가지 않으니' 어쩔 수 없이 최소한으로 내어 주느라 1시간밖에 책정하지 않았다는 합리적 의심이 든다. 이런 현실에서 점심시간을 최대한 많이 누리려면 미리 배달을 시켜두고 12시가 되자마자 일하던 책상에 그대로 플라스틱 용기를 올려놓고 먹어 치운 뒤 산책 시간(혹은 야근을 면하기 위해 점심시간에 추가로 일할 시간)을 많이 확보할 수 있다는 점에서 배민맛 없는 세상은 상상하기 어렵다("돈 없을 때는 맨날 '돈 안 쓸 거야' 하며 배달 앱을 지우고 다시 깔고를 반복했는데, 직장 생기고는 그냥 시켜 먹는다. 일케 먹고 살게 해줘서 고마워"라는 어느 네티즌의 말처럼). 하루 점심시간 2시간이라는 의제를 상상도 해보지만, 망상일 뿐일까.

누가 가계 필수 지출 척도에서 엥겔지수 말고도 '배민 맛 지수'를 산정해주면 좋겠다. 가계 지출 중 배달 음식에 소비한 비율 말이다. 분명 노동 시간과 고독 지수와 양의 상관관계에 있을 것이다.

## 먹방의 효능

'Mukbang'이 해외의 여러 사전에 신조어로 등재될 정도로 먹는 콘텐츠가 유행한다는 건 잘 알려진 사실이다. 맛깔나고 복스럽게 먹는 모습만으로 사람들의 관심을 끌어모은다는 뜻의 '먹화살(먹는 도화살)'이라는 말까지 생길 정도다. 타인의 먹는 행위는 대체 왜 그렇게 우리들의 관심과 흥미를 끄는 걸까?

혼자 하는 식사는 비용이 든다. 우선 가격 구조상 그렇다. 1인 가구로서 식재료를 마련해 요리를 해 먹을 때도, 1인분짜리 배달 음식을 먹으려 해도, 그 비용이 2인분과 맞먹거나 더 든다. 또 심리적 비용도 만만치 않다. 식사는 기본적으로 영양소를 채우는 행위지만 단지 그 목적만 '달성'하려고 편의점에서 삼각김밥을 베어 물고 있자면 그렇게 쓸쓸하고 서러울 수 없다. 직장에서 밥을 따로 먹을라치면 불가피한 이유를 대더라도 상사와 동료의 눈치를 보아야 하는 것처럼, 식사란 관계를 맺는 행위이기도 하다. 먹방의 인기는 외로움을 달래주기 때문이라는 연구 결과[2]도 이런 사회적 직관과 닿아 있다. 배민맛의 특징은 대체로 혼밥의 경험이라는 것이다. 1인 가구의 집에 배달 음식 용기가 쉽게 쌓이는 이유다. 그래서 먹방은 배민맛과 뗄 수 없는 콘텐츠다.

먹방을 보며 배달 음식을 먹는 건 '으르신들' 밥집에 가면 걸려 있는 '○○의 효능'을 보며 먹는 것과 비슷한 것 같다. '○○의 효능'은 장어냐, 닭이냐, 미역이냐 하는 주 식재료만 다를 뿐 나열된 효능은 혈액순환, 정력, 피부 미용처럼 거의 같다는 함정이 있다. 이 효능 리스트는 먹는 행위를 합리화해주는 용도다. 다소 기름지고 나트륨 범벅이더라도, 기대보다 맛없거나 비싸더라도 잘 먹고 있고 그래

2  홍석경·박소정, 〈미디어 문화 속 먹방과 헤게모니 과정〉, 《언론과 사회》, 제24권 제1호, 2016.

서 잘살고 있다는 믿음을 합리화해주는 용도. 먹방은 홀로 부실하게 끼니를 때우는 행위를 합리화해준다. 메뉴 꿀조합과 맛깔스러운 플레이팅, 자극적인 이팅 사운드와 마블링 클로즈업과 함께, 입에 안 묻히고 깔끔히 즐겁게 먹는 모습에서 원초적 욕구를 자극받으며 소화불량을 유발하는 이 시대에 잠시나마 생생한 감각을 느끼는 것이다.

한편 먹방 유튜버들의 콘텐츠 중에는 먹방 유튜버가 팬들이 무작위로 시키는 배달 음식을 먹어치우는 '랜덤 디펜스random defence 챌린지'라는 문화가 있다. 묘한 말이다. 이 말대로라면, 음식이 공격이라는 뜻이기 때문이다. 지금 우리의 식사가 삶을 이어가기 위해선 힘겹게 방어하는 행위 비슷하게 되어버린 탓일지 모른다.

## 배달 플랫폼과 함께라면 누구든 별이 5개

배민맛을 주제로 쓴 칼럼에 한 독자 분이 이런 댓글을 남겼었다. 배민맛에는 "배달 플랫폼이 4차 산업 혁신이 아니라 배달 노동자들의 노동에 기반한 철저히 노동집약적인 구조"라는 사실도 담겨 있다고. 더 이상의 설명은 없었지만 그 의미가 충분히 짐작됐다.

배민맛은 그 이름처럼 배달의민족으로 대표되는 배달 플랫폼 기업과 떼놓을 수 없는 문제다. 먼저 앞서 언급된 것처럼 배달 노동자들의 처우 문제가 있다. 주문을 중개하고 배달을 대행하는 업체들은 사실상 배달 노동자에게 업무를 지시하고 그들을 통제하는데도 배달 노동의 지위를 인정하지 않고, 불투명한 배차 알고리즘으로 배달료를 산정하고 있다. 이런 불안정한 노동 조건하에서 배달되는 음식들은 맛 역시 불안정할 수밖에 없다. 배달 속도를 최우선으로 강조하다 보니 잦을 수밖에 없는 배달 사고들, 불합리한 배차 알고리즘의 잘못된 소요 시간 산정법 때문에 오히려 늦어지는 도착 시간들…. 다행히 별다른 사고 없이 빠른 시간 내에 배달을 받더라도 배달 기사님의 처우를 생각하면 항상 찜찜한 마음일 수밖에 없다.

다음 문제는 배달 플랫폼 내 별점 시스템이다. 이제 김치찌개 하나만 시켜도 좋은 후기를 부탁하는 자필 편지가 딸려 오는 일이 흔하게 됐다. 음식점 사장님들은 맛에 투자할 시간과 에너지를 고객들이 남긴 리뷰에 구구절절 답글을 다는 '별점 노동'[3]에 쓰고 있다. 《배민 리뷰 사장님

---

3  송윤경·김원진, 〈"난 왕, 넌 별점 노예", 다시 바라보는 별점 노동〉, 《주간경향》, 2021.07.26., http://weekly.khan.co.kr/khnm.html?mode=view&code=114&art_id=202107191038261

댓글 이렇게 달아라》라는 책까지 출간될 지경이다. 이 책의 저자는 실제 배달 음식점을 운영하며 배달 앱에서 사장님 댓글을 8000건 넘게 단 '경력'이 있다. '과도한 리뷰 서비스를 요구하며 악성 리뷰를 쓰는 경우', '경쟁 업소의 악의적인 리뷰로 의심되는 경우', '양이 적다는 리뷰', '맛없어요 하는 고객의 불만 리뷰', '고객이 너무 무리한 요구를 하는 경우', '정도가 지나친 무례한 악성 리뷰가 올라오는 경우', '이유 없는 별점 테러' 등 몇십 가지에 달하는 고객 리뷰 상황별로 대책을 제시한다. "리뷰는 배달 음식점의 생명"[4]이자 "무소불위의 힘을 가진 것"[5]일 정도로 중요하기 때문이다. 그런데 정작 별점 시스템을 도입한 배달 플랫폼은 이 책임에서 쏙 빠져 있다. 심지어 '배달 지연 사고가 일어난 경우'도 사장님이 대처해야 할 책임으로 다루고 있는데도 말이다.

그래서 주문을 중개하는 배달 앱에선 음식을 배달받아 먹은 후가 아니라, 먹기 전부터 좋은 후기와 별점 5점을 미리 약속받는 이상한 평가 시스템이 형성돼 있다. 아래는 한 음식점의 리뷰 이벤트 예시다.

4 　김종원, 《배민 리뷰 사장님 댓글 이렇게 달아라》, 휴먼하우스, 2021, 17쪽.
5 　위의 책, 5쪽.

## 여기서 리뷰 이벤트

(재고 소진 시 대체 상품으로 증정하니 양해바랍니다!bb)

리뷰 작성 시 배민 내 '♥'찜을 눌러주시고

별 5개와 작은 한 줄 후기 부탁드리겠습니다.

## 서비스 제공 품목

▶ 새우볼 (최대 2P)

▶ 명란&짬뽕 군만두 (각 1개)

▶ 델몬트 오렌지주스

## 리뷰 이벤트 참여 방법

▶ 요청 사항에 닉네임과 함께 리뷰 상품명을 작성한 후

가게 중앙 빨간 하트 '♥' 누르고 재주문 각을 봅니다!!

(예: 라멘킬러 새우볼 & 찜하기 ♥)

※ 닉네임 미작성 시 리뷰 지급이 불가합니다ㅠ△ㅠ ※

(닉네임 작성 별 5개)

※ 재고 소진, 이벤트 상품 미작성 시 랜덤 지급됩니다 .※

모든 배달 음식점들이 이런 비슷한 포맷의 리뷰 이벤트
를 내걸고 있다. 결국 음식점 사장님들이 "잠 못 이룰 정

도로" 리뷰에 신경을 쓰는데도 불구하고, 소비자들은 음식점의 별점 5점이 정말 5점인지 믿을 수 없는 '별점 인플레이션'을 겪고 있다. 어쨌든 서비스를 제공받게 되었으니 소비자로서는 이득을 본 것일까? 하지만 서비스도 어디에서나 주는 품목이 되어버렸기에 애초에 서비스가 덤이 아니라 기본적으로 줄 수 있는 옵션이었다는 의심을 지울 수 없게 됐다. 심지어 몇몇의 배달 앱은 이런 별점 인플레이션이나 리뷰 서비스를 방관한다. 〈주간경향〉의 한 기사[6]는 "신규 가입을 했더니 배달 앱 매니저가 2주 동안 리뷰 서비스를 하라고 권했다"라는 어느 디저트카페 사장의 이야기와 함께 "배민이 가동하는 '클린 리뷰 시스템'은 리뷰 이벤트로 올라온 리뷰는 걸러내지 않는다"는 사실을 폭로한다. 기사의 마지막 문장 속 질문을 그대로 읊어본다. 리뷰 서비스 등 "믿기 어려운 리뷰 양산을 부추기면서 자영업자의 부담을 늘리는 이들은 누구인가."

도시의 맛이 배민맛이라면 도시의 소음은 배달 앱 주문 알림음이다. "띵동! 배달의민족! 주문~", "요기요! 주문 요기요~!" 하는 소리가 환청처럼 맴돈다. 식당에서조차 이

---

6   송윤경·김원진, 〈"낮은 평점 고민이세요? '리뷰 뇌물' 추천합니다"〉, 《주간경향》, 2021.07.26., http://weekly.khan.co.kr/khnm.html?mode=view&artid=202107191038201&code=114

소음과 함께 음식을 삼킬 수밖에 없게 됐고, 이 도시의 성분에는 배달 기사의 노동 조건과 별점 인플레이션이 함유돼 있다.

## 배민맛 홍보대사 가라사대
## "부정 식품이라도 먹을 수 있게 해줘야 한다"

제21대 대선 결과가 발표된 날, 앞으로 5년간 배민맛을 더 자주 맛보게 되리라는 예감이 들었다. 윤석열 대통령이 후보 시절에 했던 이 발언 때문이다. "부정식품이라 그러면은 없는 사람은 그 아래 것도 선택할 수 있게, 더 싸게 먹을 수 있게 해줘야 된다."[7] 또 그는 같은 인터뷰에서 주 52시간 근무제를 실패로 규정하며 "주 120시간 일 해야 된다"[8]라고 했는데, 이런 그의 말은 내게 '앞으로 더더욱 부정 식품을 먹고, 부정 주거에 살면서, 부정 노동을 하라'는 메시지로 들렸다. 그리고 윤석열 대통령이 집권한 지 3개월 차, 청년들 사이에서는 일주일간 단돈 1만 원으로 버티는 등의 '무無지출 챌린지'가 유행 중이다.

7　레이더P, 〈매일경제 스페셜 인터뷰_윤석열 대통령 후보〉, 유튜브 영상, 21:29~21:35, 2021.07.19, https://youtu.be/mG0RHZGlOGo
8　위의 영상, 37:27~37:30.

사실 챌린지라는 이름만 안 붙었을 뿐, 오래전부터 많은 청년들이 대체로 이런 생활을 해왔다. 무지출 챌린지에 도전하는 사람들은 주로 대기업 혹은 중견기업의 사무직 청년들 같은데, 그만큼 전반적으로 가계 상황이 악화됐다는 신호다. 다만 프로 무지출러로서 말하건대 ('엄마'라는 집밥 노동자가 없다면) 절대 오래 못 가거나 혹은 결국 이 챌린지를 안 할 때와 다름없이 지출하게 될 것이다. 식비를 아끼기 위해 김밥이나 편의점 음식으로만 때워보지만, 2시간만 지나도 배가 고파져 간식을 사 먹게 된다. 간식을 사 먹지 않고 버티면 그날 하루는 기력이 떨어져 일이 손에 안 잡힌다. 원 플러스 원 상품 위주로 구매하는 전략을 짜보지만 입에 안 맞으면 결국 다 못 먹게 된다. 날이 갈수록 수면의 질이 떨어지고 아침에 눈 뜨기도 힘들어져 '시발 비용'[9]으로 택시 타는 일이 잦아진다. 버텨봐도 잔병치레가 잦아져 병원비를 쓰게 된다. 한두 달만 이렇게 생활해보면, 그냥 직장 다닐 땐 외식을 하거나 배달 음식을 사 먹는 게 차라리 합리적인 선택이 된다.

다만 무지출 챌린지 리스트 중에서 '구내식당'은 정치

---

9  비속어 '시발'과 '비용'을 합친 신조어로, 스트레스를 받지 않았으면 쓰지 않았을 비용을 뜻한다.

적으로 주목할 가치가 있다. 나는 무상급식 복지제도가 어린이나 청소년만의 문제라고 생각했었다. 그런데 구내식당이 잘 갖춰진 회사에서 일할 때면 건강과 노동의 질이 수직 상승하는 경험을 하면서 모두의 문제라고 느끼게 됐다. (백반으로 차려 나오는) 구내식당의 가장 큰 장점은 저렴하면서 영양소가 고루 갖춰진 식단이라는 점이다. 특히 샐러드나 나물 반찬처럼 식이섬유를 반드시 섭취할 수 있게 돼 있다. 배달 음식이나 편의점 도시락, 맛집 메뉴는 그렇지 못하다. 샐러드 메뉴가 있지만 대체로 비싸거나 양이 너무 적어서 공허하다. (다만 구내식당이 잘 갖춰져 있어도 여기서 밥을 먹는 동료들은 항상 적은 편이었다. 후배, 타 부서 직원, 상사, 임원, 대표까지 마주칠 확률이 높은 곳이기 때문이다. 이것만 잘 해결해주면 이용률이 두 배는 될 것이다.)

우리 사회는 외식 아니면 집밥, 이렇게 식사 방식이 양분화돼 있다. 구내식당은 그중에서 알맞은 영양소를 갖춘 저렴한 식사를 제공하는 대안이다. 하지만 공공 기관이나 대기업 근로자, 혹은 자선단체의 대상자가 아닌 경우 구내식당을 이용하는 것이 어려운 것이 현실이다(또 구내식당이 존재하더라도, 정규직과 비정규직의 이용에 차별을 두는 곳들도 있다). 그러니 일반 시민도 갈 만한 공공 식당을 정치권에서 마련해주길 바란다(지금 일반 시민의 공공 식당은 사실상 김가네와 맥도날드, 편의점 테라스다). 혹은 시민들끼리 소셜 다이닝 같은 식사 공동체를 꾸리도록 지원해주길 바란다. 없는 사람들은 부정 식품을, 있는 사람들은 '파인' 다이닝을 누리는 사회는 부정 사회다. 이걸 그대로 두자고 말하는 부정 정치인을 허용하고 싶지 않다.

# 방꾸미기

**누구나 예쁜 집에
살 수 있다는 달콤한 말**

자주 그렇듯 방에 누워서 멍을 때리다가 문득 방 한구석이 못생겨 보였다. 책장으로 쓰던 마켓비 브랜드의 3단 화이트 철제 선반 때문이었다. 가구 브랜드 이케아의 '국민 선반' 상품을 베낀 버전으로, 본래 제품보다 저렴하지만 그만큼 기품이 딸렸다. 상품명부터 그랬다. 스웨덴의 광산 공원 이름을 딴 이케아의 '레르베리LERBERG'와, 사다리라는 뜻의 독일어를 빌린 마켓비의 '레이터LEITER'는 우아함의 간극이 크다. 레르베리는 지명을 빌려 은유의 미학을 풍기는 데 반해 레이터는 사다리라는 생활용품, 그러니까 실제 용도와 더 밀착돼 있는 물건의 이름이라 멋이 떨어진다. 뭣보다 용케 비슷한 발음의 유럽 단어를 활용했지만 바로 그 포인트가 "내가 이케아 짝퉁이오"라고 선전하고 있다(둘 다 메

이드 인 차이나지만). 왠지 책장에서 책을 잘 꺼내 읽지 않는 것
도 선반의 디자인 탓 같았다. 결국 며칠 동안 당근마켓을
뒤진 끝에 원목 책장으로 갈아탔고, 그제야 맘이 놓였다.
그런데, 이런 마음이 생겼다. 옷 챙겨 살 돈도 없는데 방 예
쁜 것까지 신경 써야 한단 말이야?

## 누구나 예쁜 집에 살 수 있어

"누구나 예쁜 집에 살 수 있어"라는 슬로건을 내세우는 인
테리어 플랫폼 '오늘의집'의 등장은 일종의 인테리어 문화
혁명이었다. 예전엔 '체리색 몰딩·노란 장판·꽃무늬 포인트
벽지'라는 K-인테리어 공식이 구린 건 알았어도, 그래서 어
떻게 방을 달리 꾸며야 할지에 대해서는 별다른 레퍼런스가
없었다. 패션은 길거리에 널려 있지만, 인테리어라는 건 누
군가의 집에 초대되고 나서야 볼 수 있는 내밀한 광경이다.
그때만 해도 가장 잘 꾸민 집에 대한 상상력은 드라마 속 (연
출팀이 세트장으로 제작한) 재벌 집까지였다. 그조차 대체로 미적
이라기보다 규모에 관한 것이었다. (1층이 아닌) 2층짜리 주택
에, (폴리에스테르 합성으로 흉내 낸 목조가 아닌) 대리석 소재로 마
감된 바닥, 최대 인치와 최대 화소의 벽걸이 TV, (조잡한 상가

간판 뷰가 아닌) 한강 뷰의 발코니, 그리고 이 모든 규모를 감당하기 위한 가정부까지. 아파트 공화국이라고 불릴 만큼, 집값이 어떻든 지역이 어디든 판에 박힌 건축 시공으로 찍어낸 집들 투성이니까, 국민 대다수의 상상력도 나와 비슷했을 거다. 이걸 오늘의집이 바꿨다. 예를 들면, 플랫폼 내에서 클릭 한 번만으로 낯선 사람들의 집 사진을 몇만 장 이상으로, 그것도 커튼이나 조명 하나하나의 가격까지 클로즈업해서 끊임없이 볼 수 있게 됐다.

정작 나는 디퓨저 하나 들이는 것도 몇 번이고 망설이다 안 들였던 사람이었다. 더 작은 평수로 이사를 가야 할 상황이 닥칠 땐 그냥 향기 좀 나는 애물단지가 될 걸 뻔히 아니까. 포스터나 액자 정도면 몰라도 조명이나 벽지, 가구 같은 건 먼 훗날 전셋집이라도 얻게 된 다음의 일이었다. 그런데 사람들은 5평짜리 원룸에도 모듈 선반(가구의 부분을 구매한 뒤 레고처럼 조립과 변형을 거쳐 자신이 원하는 형태를 만들 수 있는 선반)이나 가전형 식물재배기 하나쯤 성큼 들이고, 인테리어 가전, 데스크테리어desksterior(책상을 중심으로 업무 공간을 꾸미는 인테리어), 캠테리어camterior(화면에 보이는 방 배경을 꾸미는 인테리어), 플랜테리어planterior(식물을 소품처럼 활용하는 인테리어)와 홈파밍home farming(집에서 채소 키우기) 같은 개념까지 우수수 생겨날 정도로 '집꾸미기'[1]에 열심이다.

왜들 인테리어에 이렇게 '진심'이 됐을까. 흔한 설명은 있다. 코로나가 확산되자 재택근무 등으로 집에 머무는 시간이 길어졌고, 그만큼 공간에 신경 쓰게 되었다는 것. (이제 나는, 무슨 현상의 원인에 무조건 코로나부터 꼽는 걸 '데우스 엑스 코로나'[2]라고 부를 거다.) 하지만 우리나라에서 열심히 벌어서 자가는커녕 전셋집을 구하는 일은 더욱 어려워졌고, 법적으로 보장된 임대차 계약기간이 충분히 길어지지도 않았는데….

## 독립 대신 '방꾸미기'

인테리어는 대표적인 사치재다. 다섯 식구가 다 같이 한방에서 자던 시절에 인테리어란 부모님의 결정 사항이었다. 그것도 누군가 쓰던 가구도 감지덕지하며 받아 쓰는 경우가 많았기에 형편에 따른 결정 사항이기도 했다(난 지

---

1  다양한 꾸미기 문화의 열풍으로 '#집꾸미기'와 같은 해시태그부터 '방꾸(방꾸미기)', '홈꾸' 등의 줄임말까지 유행이다.

2  데우스 엑스 마키나는 라틴어로 기계 장치(machina)를 통해 무대에 내려온 신(deus)이라는 뜻으로, 고대 그리스 연극에서 서사가 복잡해질 때 갑자기 신이 등장해 일거에 해결하는 장치에서 유래했다. 작품상의 문제를 개연성 없이 해결하는 기법을 지적할 때 쓰이는 말이다.

금까지도 내 침대를 가져본 적이 없다). 가출하고 할머니 댁이나 친구 집을 전전했을 때에는 큰 백팩과 박스 몇 개로 추려지는 규모가 가구를 결정했다(이 결정이란 가구를 없애는 것이었다). 주인집에서는 못 자국 하나 제대로 낼 수 없으니까. 가구는 빌트인으로 주어진 대로 써야 했다. 지금도 내가 사는 방은 짐이 거의 없다. 지금의 청년 임대주택으로 이사를 오고 나서야 내 책상, 선반이라는 걸 처음 사봤다(그 전까지 책상은 화장대 의자와 겸해서 사용했었다). 옷장은 행거로 대체했고, 속옷 등을 개어놓는 서랍은 택배 받은 박스 중 예쁜 걸 골라서 사용했다. 옷은 4평 남짓한 방의 한쪽 벽 너비로 설치된 행거에 걸려 있는 것이 사계절 치의 전부다.

이랬던 내가 어쩌다 인테리어에 관심이 생겼을까? 짚어보면 지금 집으로 이사를 오기 전, 유튜브 채널의 크리에이터와 인스타그램 알고리즘이 줄기차게 추천해준 '4평 원룸 비포 앤 애프터 광고 콘텐츠가 시작이었다. 그 전부터도 즐겨 보는 유튜브 채널의 크리에이터나 인스타그램 지인들이 자신의 취향껏 꾸며서 올린 방 사진들이 자주 눈에 띄었던 것 같다. 혹은 힙하다고 소문난 카페를 찾아가 사장님이 비싸게 투자한 인테리어를 배경으로 인스타그램 사진을 이리저리 찍을 땐 예쁜 가구와 소품의 생김새들을 가랑비 젖듯 익혔던 것 같다. 그래도 나는 내 엥겔지수를 낮출 생각은 없었다. 예쁜 인테리어 이미지들에는 눈을 질끈 감고, 그냥 가끔 열심히 검색해 힙한 카페에서 음료 한 잔에 2시간 정도로만 예쁜 공간을 누리는 것에서 만족할 수 있다고 생각했다.

하지만 이런 방 이미지 노출이 쌓이고 쌓여, 어느 날 이런 문장이 떠오르고 만 것이다. '베개 커버 정도는 바꿔도 되지 않을까?' 연이어 그놈의 '나에게 주는 선물'이라는 카피가 귓가를 속삭였다. 소비를 합리화하는 데 기가 막히게 효과가 좋은 자본주의 악마의 속삭임 말이다. '그럼 누울 때 기분이 좋고, 그러면 수면의 질도 높아질 거야… 사느라 고생하는 나에게 이 정돈 괜찮잖아?' 그래서 그 베개 커버 하나를 고르기 위해 며칠 동안 온라인 검색을 했다. 이 세상에는 침구 브랜드도, 베개 커버 종류도 너무도 다양했다. 베개 커버도 속커버와 겉커버, 그리고 그 겉커버에 데일리로 씌우는 커버까지 있었다.

그런데 문제가 생겼다. 메모리폼 베개 커버는 일반 베개 커버보다 디자인 종류도 적고, (가장 중요했는데) 이쁜 것도 적다는 것이었다. 마치 갤럭시와 아이폰 폰케이스 디자인 시장처럼. 그러고 보니 오늘의집에 큐레이팅된 침실 사진에는 메모리폼 베개가 놓여 있던 걸 본 적이 없었다. 이윽고 메모리폼 베개를 너무 오래 썼다는 생각이 들었다. 검색창에 '메모리폼 베개 단점'을 쳤다. 메모리폼 베개가 오히려 척추 건강에 좋지 않을 수 있다는 연구 결과가 있었다. 이건 내 건강이 걸린 문제였다! 허리가 얼마나 중요하면 '백년 허리'라는 말도 있겠는가.

결국 파스텔 톤 옐로와 그린 컬러 조합의 체크무늬(리본 매듭을 맬 수 있는 끈도 달린 게 포인트다) 베개 커버와 베개 솜을 같이 샀다. 구매를 기다렸다는 듯 만 하루 만에 도착한 베개 커버 실물은 다행스럽게도 광고 이미지만큼 예뻤다. 그런데 바로 그게 문제였다. 그 예쁨은 이불과 매트리스 시트의 못생김을 가리키고 있었다. 감히 자기를 분홍색 잔꽃무늬 이불과 같이 둘 생각이냐고 추궁하는 듯했다. 마치 명품 가방을 샀을 때 그에 맞게 구두, 옷, 헤어와 메이크업 모두 '급'을 갖추지 않고서야 차라리 메지 않는 편이 나은 것과 비슷했다.

나도 모노톤의 이불에서 눈을 부비고 일어나 기지개를 켜는 감성을 가져보고 싶었다. 그렇지만 그 분홍색 잔꽃무늬 이불은 엄마가 손수 사준 것이었기에 그걸 교체하는 데는 딸로서의 죄책감도 해결해야 했다. 하지만 한 유튜버의 멘트, "인생의 30퍼센트를 보내는 침구만큼은 아끼지 말고 사야죠"가 결정적이었다. 그 말이 나에겐 '엄마가 준 다른 건 계속 쓰더라도 침구만큼은 바꿔도 되지 않을까'로 번역됐고, 결국 며칠 뒤 나머지 침구도 바꿨다. 할인 쿠폰을 받은 김에 여름용 시어서커 이불까지 사뒀다.

그렇게 베개 커버 하나 가지고 한바탕(?)한 이후엔 한동안 방꾸미기엔 관심이 잠잠했다. 그러다가 개인적으로 힘든 일을 겪게 됐는데, 그 스트레스를 풀고 싶은 욕구가 내 공간을 새로 단장하고 싶다는 욕망으로 이어졌다. 이번엔 인테리어 용품을 살지 말지 망설이는 시간이 그리 길지 않았다. 베개 커버를 서칭하면서 스크랩해둔 상품들, 내 취향의 브랜드들, 요즘 트렌드들을 리스트업해뒀으니 살 결심만 하면 됐다. 이런 의미에서 나는 단지 베개 커버 하나를 산 게 아니었고, 인테리어 소비에 관한 욕망의 경로를 충실히 개간하는 과정이기도 했다. 내 공간을 위해 돈을 쓰는 건 나를 위하는 일이며, 실제로 썼을 때 행복 비스무리한 기분을 느낄 수 있고, 누구나 예쁜 집에 살고 싶어 하고(뒤집으면, 누구나 못생긴 집에 사는 걸 견디기 어려워졌고), 그래서 소비에 죄책감이나 찜찜함을 덜 가지는 사람이 됐다는 말이다.

이때 살면서 처음으로 포스터와 액자를 사봤다. 상품 자체의 디자인보다도, 당장 쓸모가 없기에 아름다웠다. 그건 방이 잠만 자는 직육면체가 아니라, 내 몸과 마음을 누이는 집이 되었다는 위안이기도 했다. 그래서 집을 나와 고시원에서 살게 된 친구에게 포스터와 스티커 몇 장, 그리고 마스킹테이프를 주며 이런 말도 건넬 수 있었다. "가성비 삶을 방지하는 부적이야."

오늘의집에서 20대가 유독 선호하는 인테리어 카테고리가 조명과 패브릭이라고 한다. 설문조사 기업 '오픈서페이'에 따르면, 20대는 유독 침실 인테리어 니즈가 높은 편이다. 이들이 가장 투자하고 싶은 가구로 침실 가구를 꼽았다는 것이다. 오픈서베이는 이 이유로 "20대는 자기 방을 제외하면 상대적으로 인테리어 결정권이 적고, 독립해서 혼자 사는 20대는 집이 비좁은 경우가 많아 인테리어할 공간이 침실로 제한"[3]되는 것이 배경이라고 분석했다.

내 집 마련은 불가능해졌다. 하지만 인테리어는 어느 정도 손볼 수 있다. 누구나 집을 살 수는 없어도, 누구나 예쁜 집에 사는 건 상대적으로 허들이 낮으니까.

---

3  오픈서베이, 〈리빙 트렌드 2019〉, 2019.05.

## 인테리어와 민주주의

인테리어는 단지 디자인이 아닌 정치적·경제적인 문제다. 러시아 화가 빅터 폴랴코프가 그린 〈겨울궁전 습격 이후〉는 이걸 탁월히 담아냈다. 이 작품은 러시아 2월 혁명 때, 러시아의 상트페테르부르크에 있는 겨울궁전에 습격한 붉은 군단의 한 병사가 화려한 궁전 내부를 올려다보며 충격을 받은 모습을 그렸다. 병사의 남루한 차림새와 커다란 샹들리에, 황금 액자, 붉은 천의 소파가 이루는 시각적 대조는 혁명의 역사적 공기를 머금고 있다. 그 반대인 작품(?)도 있다. 기사 사진 중 고시원에 처음 가서 열악한 주거 현실을 목격한 전 정몽준 위원의 얼이 빠진 표정을 담아서 유명해진 인터넷 '짤'이다. 20세기 러시아 병사가 느낀 박탈감, 그리고 정몽준이 평수나 방의 구조, 인테리어 소품, 창의 유무와 전망에서 느낀 연민은 개인적 감상이 아닌 정치적 감정인 것이다. 그래서 "누구나 예쁜 집에 살 수 있어"라는 오늘의집 슬로건은 얼핏 평등의 목소리처럼 들린다.

인테리어를 중심으로 한 라이프스타일 기업 이케아도 '인테리어 민주주의'라는 '가치'를 표방한다. 인테리어와 민주주의가 같이 쓰일 수 있다니! 이 카피라이팅은 예쁜 집은 누구나 살 수 없으며, 그 현실이 불평등에서 기인한다는 점까지 잘 겨냥하고 있다. 이케아·오늘의집 이전에는 그런 불평등을 극복하는 건 '마구간같은' 집과 얼굴을 보여주는 대가로 리모델링을 해주던 MBC 방송 프로그램 '러브 하우스' 정도였다. 이케아의 '인테리어 민주주의' 슬로건 탄생 배경은 이렇다. 독일 경제 전문 작가 뤼디거 융블루트는《이케아, 불편을 팔다》에서 하필 이케아의 스웨덴식 인테리어 디자인이 세계적으로 성공을 거둔 요인을 '스웨덴의 궁핍' 때문이었다고 설명한다. 스웨덴 의회에서 1913년 국민의 삶을 개선하기 위한 조치에서 비롯됐다는 것이다. "그런 조치들 속에는 값이 싸면서도 아름다운 모양의 가구와 생활용품을 공급한다는 내용이 포함되었다. 사람들이 집에서 편안하고 행복한 느낌을 갖도록 하려는 계획이었다."[4] 그리고 이를 위해 스웨덴 예술가들이 공장에서 대량생산이 가능한 제품의 디자인을 도왔다고 한다. 이를 상징적으로 보여주는 예시로 스웨덴 예술노조의 위원장 그레고르 파울손Gregor Paulsson이 저서《보다 아름다운 일상용품Vackrare vardagsvara》(Stockholm, 1919)에서 한 말을 언급한다. "디자인은 그 디자인의 값을 지불할 수 있는 사람

---

4    뤼디거 융블루트, 배인섭 옮김,《이케아, 불편을 팔다》, 미래의창, 2013, 198쪽.

뿐 아니라 모든 이들을 위한 일이다."[5] 즉 이케아는 스웨덴이 사회복지국가의 모범이 되었던 시절의 산물이라는 것이다. 그런데 킁킁, 인테리어 민주주의라는 포장지 안에서 새는 비린내를 나만 맡은 거 아니지?

## 체인징 룸 제너레이션

이케아는 '체인징 룸 제너레이션changing room generation'이라는 신조어를 만들어냈다. 인테리어를 자주 바꾸는 세대라는 뜻으로, 2년마다 한 번씩 세련된 저가 가구로 집을 단장하는 유행에서 유래했다. 이를 통해 이케아는 가구를 소모품으로 프레이밍하는 데 성공했다. 가구란 신혼 때 맞춰 평생 쓰거나, 자식에게까지 물려준다는 생각으로 샀던 위 세대와는 아예 다른 사고방식인 것이다. 오늘의 집 역시 이러한 이케아의 전략을 충실히 따르고 있다. 가구 브랜드 한샘은 SNS로 '가구 구독' 서비스를 출시했다. 이 서비스는 매트리스를 구매하는 대신, 특정 기간 동안 금액을 지불하며 이용하는 것으로, 정수기 같은 가전 렌탈 서비스를 확장한 버전이다. 또 다른 가구 브랜드 현대

5   위의 책, 198쪽.

리바트는 가구 온라인 선물하기 서비스를 도입했다. 이렇다보니 "가구가 옷 가격이라 부담 없어요"[6]라고 생각하는 사람들은 점점 더 많아진다.

하지만 그 저렴한 가격에는 보이지 않는 비용이 붙어 있다. 먼저 우리가 조립 기사가 되어야 하기 때문이다(그 중 이케아의 조립 설명서는 불친절한 탓에 설명서라기보다 만국의 언어 모음집에 가깝다). 게다가 내 키와 맞먹는 조립 부품의 높이나 너비, 쌀가마니 두세 개쯤 맞먹는 무게는 1인 가구가 혼자서 짜 맞추기에 너무 버겁다. 그렇게 손발 찧고 끙끙대며 조립해도 어딘가 묘하게 기울거나 아귀가 맞지 않는 데가 생긴다. 그냥 '내가 똥손인 탓이겠지'라고 여기기엔 '이케아 가구 조립 실패 모음'이라는 게시글이 꾸준히 밈처럼 돌아다니고, 조립 가구를 다시 조립해주는 출장 업체가 따로 있을 정도다.

무엇보다 융블루트는 기존의 가구보다 저렴한 가격을 책정할 수 있는 비결은 아시아권 국가에서 착취한 노동력과 합법적 탈세 덕분이라고 지적한다. 이케아 그룹의 전 회장 안데르스 달비그는 더 가난한 나라에서 더 싼 노동력을 찾는

6  이시은, 〈Z세대가 용돈 모아 가구 사는 이유(feat.오늘이집st)〉, 《대학내일》, 2020.07.08., https://univ20.com/108025

전략에 대해 이렇게 답했다고 한다. "가난한 나라의 사람들 역시 일자리와 더 나은 생활 수준을 가질 권리가 있습니다."[7]

한편, 가구가 옷 가격과 같다는 말은 가구에 싫증 나거나 유행이 지나면 SPA 브랜드처럼 쉽게 버리고, 또다시 구매하는 소비 습관을 부추긴다는 뜻이기도 하다. 그래서 요즘 가전, 가구 광고도 패션 브랜드처럼 이미지와 감성을 강조한다. 대표적인 사례가 플랜테리어와 슬리포노믹스 **sleeponomics**다. 식물은 플랜테리어라는 마케팅을 거쳐 기르고 돌보는 생명체나 생태계라기보다 소품, 그러니까 무생물이 됐다. 대표적인 플랜테리어템 수경 재배기는 화분 없이 가끔 물만 갈아줘도 되고, 그마저도 언제 줘야 하는지 연동된 앱이 알람으로 일러준다. 벌레도 생기지 않는다. 또 기계에서 나오는 빛은 무드등 역할을 한다. 당연히 인스타그래머블**instagramable**(인스타그램에 올릴 만한)하고, 그렇게 업로드할 수 있는 것 역시 이 기계의 값에 포함돼 있다. 슬리포노믹스는 수면과 관련된 시장인데, '꿀잠도 경쟁력'이라며 쉼 활동마저 남다른 소비를 요구한다. 침구 브랜드 시몬스의 광고 변화는 상징적이다. 과거엔 바로 옆에서 아이가 아무리 방방 뛰어도 편안히 잘 수 있다는 성능을 강조했다면, 최

---

7 뤼디거 융블루트, 배인섭 옮김, 《이케아, 불편을 팔다》, 미래의창, 2013, 289쪽.

근엔 침대는 코빼기도 보이지 않고 그저 수영장과 해변, 숲을 배경으로 모델이 편안히 누운 모습만 강조해 화제가 되었다. 그리고 여기엔 '인테리어 성경'의 복음 말씀이 숨어 있다.

## 인테리어 성경 말씀입니다
## "보시기에 좋았더라"

'인테리어 성경.' 이케아 카탈로그의 별칭이다. 융블루트에 따르면 (종이 카탈로그가 폐간되기 전까지) 이케아 카탈로그의 배본 부수는 해리포터 시리즈나 성경에 버금갈 정도로 세계 최대 규모였다. 무엇보다 이 광고물이 인테리어 성경으로 불리는 핵심은 선과 악을 구별하듯 '인테리어의 미와 추를 제시'하기 때문이다. 오늘의집의 '비포 앤 애프터' 콘텐츠도 같은 역할을 한다. 이 인테리어 성경이 내세우는 유일신의 이름은 자본주의다.

오늘의집의 성공은 '방 이미지' 덕분이었다. 집들이 콘텐츠에는 몇만 장이 넘는 집 이미지들이 빼곡하다(집들이 선물은 '좋아요'와 댓글, 혹은 그저 클릭으로 조회수만 남겨줘도 된다). 오늘의집은 자사 플랫폼에 오른 이미지를 선별한 《Dear, House디어

하우스》라는 책자도 출간했다. 이 이미지는 인테리어에 대한 욕망을, 그러니까 지금 살고 있는 집의 추함을 지속적으로 자극한다. 또 더에스엠씨콘텐츠연구소에 따르면, 오늘의집 이미지 업로드의 동기에 대한 질문에 응답자의 50.6퍼센트는 "콘텐츠를 통해 나의 취향과 능력을 드러내고 싶어서"라고 답했다.[8] 집의 이미지는 자기만족을 넘어 자아 정체성의 일부가 된 것이다. 즉 방의 미추는 곧 나라는 사람의 미추가 걸린 문제가 됐는데, 방 꾸미기에 돈을 안 쓰고 배길 수 있을까? 마케팅 전문가 김용태에 따르면, 오늘의집은 이 심리를 간파하여 개인 프로필(마이 페이지)을 포트폴리오처럼 설계했다. 즉, '(오늘의집 개인 프로필은) 단순 나열하는 사진이 아니라 거실·침실·주방·서재 등 공간을 나누어 (중략) 이용자로 하여금 프로필의 빈 공간을 나만의 라이프스타일로 채우고 싶어 하는 욕구를 건드리고, 콘텐츠를 더 많이 생산해내도록 이끈다.'[9]는 것이다. 결국 오늘의집은 끊임없이 오늘의집을 어제의 집으로 밀어내고, 유저들은 다시 내일, 모레, 글피의 집이 되기 위해 열중하고 있다.

8    김용태, 〈오늘의집은 어떻게 '커뮤니티 커머스'로 성공했나〉, 《모비인사이드》, 2021.09.03., https://www.mobiinside.co.kr/2021/09/03/ohouse-community-commerce/

9    위의 글.

또 성경을 신이 아니라 선지자들이 썼듯이, 오늘의집 플랫폼이나 이케아 카탈로그 속 사진은 기업이 아닌 이용자들이 제작했다. 영국 비즈니스 컨설턴트는 《이케아, 그 신화와 진실》에서 이케아 카탈로그에 등장하는 모델들이 낯이 익을지 모른다고 한다. "엘름홀트에서 생활하며 일하는 사람들 대부분은 이케아 디자이너이거나 카탈로그 편집 책임자들"[10]이라는 것이다. 거꾸로, 오늘의집 이용자들이 콘텐츠 DB 생산을 담당하는 노동자 신세가 되었음을 상징적으로 드러내는 일화다. 그럼 오늘의집이 '제품 줄게. 사진 다오!'라고 마케팅하는 것은? 큰 비용을 들이지 않고 콘텐츠를 납품 받으려는 전략은 아닐까?

## 이웃의 숟가락 개수는 모르고, 낯선 사람의 숟가락 가격은 아는

오늘의집은 언뜻 보면 전혀 쇼핑몰 같지 않다. 메인 화면 UI가 거의 집 이미지 콘텐츠로만 구성돼 있다. 오늘의집에 큐레이팅된 이미지를 한번 클릭하면 흰색의 '+' 기호가 적힌 작은 파란색 동그라미들이 다닥다닥 따개비처

---

10　엘렌 루이스, 이기홍 옮김, 《이케아, 그 신화와 진실》, 이마고, 2012, 77쪽.

럼 붙어 있다. 이 동그라미를 누르면 상품명과 브랜드, 가격까지 알려준다. 상품과 가격을 UGC 콘텐츠**user generated contents**(사용자가 직접 제작한 콘텐츠) 안에 철저히 숨겨뒀다. 인스타그램 쇼핑 기능과 유사하다. 그리고 그 기능의 용도도 인스타그램과 같다. 구매 맥락을 제공하기. 광고가 아닌 일상 사진처럼 연출해서, 나도 저런 삶을 가지고 싶다는 욕망의 맥락을 먼저 불어넣기. 그리고 사고 싶다는 마음을 먹고 클릭했을 때, 그 가격이 나쁘지 않거나 심지어 가격은 이제 아무래도 상관없다는 상태가 되게 하기.

현대인의 태반은 몇 년이 지나도 바로 옆집에 사는 이웃의 얼굴은 모른다. 혹여 마주치더라도 빠르게 시선을 돌리거나 이웃이 멀어질 때까지 현관 앞에서 대기하게 됐다. 이웃집 숟가락 개수를 알던 시대에는 무례했을 행동일 테지만, 이제 사람들은 남의 집을 매일 뚫어지게, 뻔질나게 쳐다보고 있다. 그러곤 브이로거의 집에 나온 조명을 보고 바로 견적을 뽑을 수 있는 것이다. '150만 원. 저 만달라키 헤일로 호라이즌 조명은 타오바오 짭 아니고 정품 같아 보이니까. 중고로 샀다면 80만 원쯤일 테고…'

우리의 방은 인테리어 쇼핑몰 플랫폼 코너가 되었고, 각자는 그 사이를 걸어다니는 모델이 되어버렸다. 잘 꾸민 방을 보여주거나 그걸 배경으로 브이로그를 찍는 유튜브 콘텐츠들은 조회수가 드높다. 그리고 그 인기를 근거로 인테리어나 가구 업체에서 협찬을 받고, 다시 또 영상을 찍어 업로드한다. 그런 영상의 댓글에는 꼭 벽지나 소품의 브랜드, 제품명, 가격을 알려달라는 문의가 있고, 아예 유튜버가 설명란에 미리 적어두기도 한다. 독일의 영화평론가 볼프강 M. 슈미트는 《인플루언서》에서 이렇게 지적했다. "자신을 꾸준히 상품화하는 게 옳다고 말하는 신자유주의 경제 체제는 집을 왜 홈 오피스라 부르는지 묻지 않는다. 신자유주의하에서는 스스로를 가꾸고 파는 행위가 허용되고, 안팎과 공사의 구분이 존재하지 않는다."[11]

## 우아한 가난의 시대?

내 방은 예쁜 스피커 정도는 들일 수 있어도, 결코 '오늘의 집'이 될 수 없다(보조 선반을 포토존 삼아 크롭해 찍어 올리면 가능할 수도 있겠다). 충분히 예쁘지 않아서, 그래서 타인의 욕망을 자극하지 않아서. 처음 플랫폼에 방 이미지를 올리는

---

11  볼프강 M. 슈미트·올레 니모엔, 강희진 옮김, 《인플루언서》, 미래의창, 2022, 14쪽.

기념으로 누구에게나 주는 1000원짜리 할인 쿠폰만 받을 수 있을 뿐이다. 그리고 그렇게 누구나 올리는 페이지에는 조악한 방 이미지가 넘친다. 이 이미지는 플랫폼상에서 쉽게 찾아보기 어렵게 설계돼 있다. 오늘의집 성원권을 얻지 못한 방 이미지들은 그냥 데이터 쓰레기가 된다.

방 꾸미기 트렌드를 말하는 콘텐츠가 주목하고 언급하는 소비자층도 일부에 불과하다. '인테리어 가전'이라며 60만 원짜리 다이슨 에어랩이나 100만 원이 넘는 스타일러가 MZ세대 사이에서 유행이라는데, 여기에 해당하는 이가 대체 얼마나 될까? '홈루덴스homeludens(놀이하는 인간인 호모루덴스에서 파생한 신조어로 주로 집에서 놀고 즐기는 사람을 이른다)'를 자처하는 사람은? 오늘의집의 한 마케팅 매니저는, 다음 타깃은 신혼부부와 다인 가구라고 밝힌다[12]. 그동안 주로 타깃 삼았던 1인 가구보다 지속해서 구매할 가능성과 구매력을 높일 목적에서다. 그래서 마케팅 전략을, "집을 예쁘게 꾸미기 위한 조명 같은 것보다 깔끔하고 실용적인 것을 선호하는 다인 가구 고객을 위한 상품을 선별해 노출"하는 것에 주력 중이라는 것이

12　앱스플라이어, 〈오늘의집: 20대에서 50대까지 모든 연령대 유저의 소비를 사로잡은 마케팅 전략〉, 앱스플라이어 블로그, 2020.7.27., https://www.appsflyer.com/ko/blog/tips-strategy/todayhouse-marketing-strategy/

다. 결국, '누구나 예쁜 집에 살 수 있어, 돈만 있다면.'

그래서 이 인테리어 민주주의가 내세우는 평등이란 몰취향에 가깝지 않을까? 쥔 예산만큼 갖출 수 있는 디자인은 정해져 있으니까. 나는 '체리색 몰딩·노란 장판·꽃무늬 포인트 벽지'에서는 벗어났지만 '몬스테라·LP 턴테이블·투명 모듈 선반'이라는 또 다른 공식으로만 옮겨왔을 뿐이다. 주황빛 버섯 모양의 루이스폴센 조명은 유행이 조금 지나길 (그래서 당근마켓에 올라오길) 기다려야 한다. 물론 그때라면 꽃무늬 포인트 벽지 옆 옆 칸 즈음에 놓여 인테리어 역사 박물관에 전시돼 있겠지만.

## 삶의 이미지 임차하기

오늘의집 슬로건에 또 숨어 있는 뜻을 찾아보자. 내가 찾은 건 이거다. '누구나 (돈만 있으면) 예쁜 집에 살 수 있어. (좋은 주거 환경은 보장되지 않지만).'

인테리어는 주거housing 개념의 일부일 뿐이다. 그런데 그렇게 많은 방 이미지들에선 주거의 질에 대한 이야기는 지워져 있다. 아무리 좁은 원룸이어도 넓어 보이게, 로망대로 실현하는 노하우 수준에서만 이야기된다. 평수나 환기 시설이 최저 주거 기준에 미달하는 집이 넘치고, 성폭력 범죄에 대한 치안 비용을 여성 개인만 감당하는 문제 같은 건 러그나 포스터 뒤편에 그대로 가려져 있다. 가난은 더 이상 이전과 같은 방식으론 눈에 보이지 않게 됐다. 오늘의 집들은 모두 다른 시공간에 살고 있다. 그리고 그런 주거 현실은 비포 앤 애프터처럼 스펙터클하게 바뀔 수 없다.

**랜선사수**

그 많던 사수는 누가 옮겼을까

분명 가습기를 두 대나 틀어놨는데도 입안이 바싹 마르는 사무실 안(모든 사무실은 건조하다는 법칙이라도 있는 걸까?). 인수인계 폴더와 5년 전 서류까지 뒤져봐도 이번에 팀장에게 반려된 기획서가 뭐가 문제인지 도무지 모르겠다. 그제야 나한테는 친절하고 유능한 사수가 있다는 걸 떠올린다. 아침 출근길이든 잠들기 전이든 고민이 있으면 언제든 말하라며 살뜰히 살펴주는 그 사수다. 사수에게 고민을 털어놓으니 기다렸다는 듯 노트북을 열며 기획의 기본부터 알려주겠다고 말한다. 그 노트북 화면으로 고개를 빼는데, 사수가 친절히 팝업창을 띄운다. "보려면 6만 6000원, 이번 달까지만 할인해서. 참, 지금이 가장 저렴해요!"

나는 사수가 아주 많다. 비록 모니터라는 파티션 너머

에만 존재하지만. "당신 곁의 랜선 사수"를 표방하는 커리어 정보 플랫폼 '퍼블리'와 '캐릿career', '롱블랙LongBlack' 같은 마케팅 뉴스레터 구독 신청은 기본이다. 성인교육 콘텐츠 기업 '콜로소'에서 '틀을 깨는 힙한 그래픽 디자인과 브랜딩 실무' 수업을 수강하던 중, 코딩 교육 콘텐츠 기업 '코드잇'에서 '프로그래밍 시작하기 in Python' 수업을 새로 결재했다. 강의만으로는 아무래도 부족한 것 같아 실무자에게 직접 코칭받는 전문 인력 중개 플랫폼 '크몽'도 가입해뒀다(크몽은 "목적지는 부장님이 칭찬행"을 슬로건으로 내걸었다). 책장에는 《일잘러를 위한 이메일 가이드 101》, 《함께 자라기》 등 실무 관련 서적이 꽂혀 있고, 구글 크롬 북마크 바에는 문서 기반 협업 툴 '노션Notion'과 디지털 화이트보드 '미로Miro'를 즐겨찾기해뒀다. 비록 랜선 사수들이 일러준 온갖 ppt나 스케줄링 템플릿은 잔뜩 다운받아두기만 하고, 절대 놓쳐선 안 되는 업무 노하우를 담았다는 뉴스레터는 부채감과 함께 매일 쌓여가고, 북마크해둔 사이트들의 삼분의 일은 접속한 지 세 달이 넘어가지만 어쨌든 든든하다.

이렇게 내 랜선 사수 목록만 읊어도 숨이 차지만, 요즘이 정돈 기본이다. 내가 마케터나 디자이너가 아닌데도 그렇다. 마음만 먹으면, 이들을 통해 웬만한 것들을 알 수 있다. 업계 용어 뜻풀이나 파일 관리 노하우부터 이메일 세팅, 기획서 작성, 상사와의 소통을 위한 각종 팁과 '직장인 자존감'을 끌어올리는 법까지 알 수 있다. 심지어 상사에게서 좋지 않은 냄새가 난다면 어떻게 할지, 인생의 절반을 산 사람에게 주는 크리스마스 선물에는 무엇이 좋을지 알려주는 사수(《이상한 팀장 밑에서 성공하는 법: 평사원에게 꼭 필요한 직장생활의 기술》)도 있다.

이 글을 쓸 당시, 랜선 사수들에게 지불한 비용은 한 달에 평균 3만 원. 서울 연남동에서 직장 선배에게 파스타 한 번 쏜 값이다(한남동은 아니다). 돈 쓴 값은 어느 정도 했다. 내 '핵심 직무 역량 오각형'의 넓이가 조금 넓어졌고, 일머리도 조금 굵어진 것 같았다. 가장 효과적이었던 건 모르는 업무에 대해 혼자 이래저래 알아보다가 겨우 다른 직원에게 물어보는 '눈칫밥'을 덜 먹어도 됐던 거다. 대신 '구독밥'을 제공해야 했지만.

## 누가 내 사수를 랜선으로 옮겼을까?

사정이 이러니, 아예 직장 내 사수가 없어도 괜찮다고 주장하는 랜선 사수도 등장했다. 이런 주장을 글로 옮긴 책에 어떤 독자는 이런 후기를 남겼다. "회사에 들어오는 신입 사원에게 선물로 주고 싶은 책입니다." 사수가 없는 게 얼마나 당연하면 스스로 사수가 되라는 이 책이 조직의 직무 유기가 아닌 '선물'이 되는 걸까? 대체 누가 내 사수들을 랜선으로 옮긴 걸까?

오프라인 현실부터 짚어보자. 신문지 접기 게임처럼, 오프라인 사무실은 사수들이 발 디딜 자리가 해마다 성큼성큼 좁아져왔다. '실력은 연차에 비례하지 않는다'라는 21세기 격언은 이제 조직 내 직함이나 경력이 점점 무의미해지고 있다고 말하고 있다. 신입부터 뽑아 육성하는 공채 티오도 점점 줄어들다 못해 바늘귀 수준이 됐다. 공무원조차 호봉제가 폐지되는 건 시간문제가 되고 있다. 조직 내 중간 직급이 없다며 개탄하는 말도, 당연한 일이 되어버린 탓에 이제 들리지도 않는다. 문명의 단위도 12진법이 아니라 11진법으로 바뀌었다. 정규직으로 전환해주기 싫어서 11개월씩만 계약하는 짓을 비꼰 거 맞다(아르바이트로 따지면 14.5진법이다. 주휴수당은 고용주들에게 너무 무시무시한 일이기 때문이다). 그런데 이마저도 사정이 나은 편이 되고 있다. 이제 직무별이 아닌 업무별로 노동자가 투입되는 '프로젝트 노동'이 부상하게 됐으니까.

이런 환경에서 적자생존으로 진화한 인재가 'N잡러'다. 어디에도 고용되지 않고 여러 거래처와 일하는 프리랜서와 달리, N잡러는 본업 외 부업을 여럿 두는 사람을 말한다(이 부업에는 '랜선 사수' 강사도 있다). 당연하다. 월급만으로는 10년을 일해도 집 한 채 얻기 어렵고, 그마저도 언제든 해고될 위험이 도사리고 있으니까. 이 N잡러에서 'N'의 개수가 점점 늘어나고 있다. 날이 갈수록 잘게 조각나고 있는 노동의 수요와, 그에 대한 공급을 연결하는 온라인 플랫폼들도 증식하고 있기 때문이다. N잡러의 출현은 갈라파고스 제도 핀치새들의 부리 형태가 여러 형태로 나타난 것처럼 우리가 먹고살기 위해 적응한 결과일 뿐이다.

지식의 유통기한은 어떤가. 방부제를 아무리 쳐도, 그 기한이 갈수록 짧아지다 보니 과거 지식을 버리고 새 지식을 흡수하는 '러닝 커브learning curve'가 가파른 사람이 핵심 인재상이 됐다. 미국 보스턴대학교 교수인 더글라스 홀은 현대의 경력 패러다임이 기업에서 개인으로 이동했다며 '프로티언 커리어protean career'라는 개념을 제시[1]했다. 그리스 신화 속 바다의 신 프로테우스의 이름에서 따왔는

1   구정모·김우철, 〈광주형 일자리에서 한국형 일자리로〉, 《월간노동법률》, 2021.12.14., https://www.worklaw.co.kr/view/view.asp?accessSite=Naver&accessMethod=Search&accessMenu=News&in_cate=101&in_cate2=0&gopage=1&bi_pidx=33527

데, 마음대로 자신의 모습을 바꿀 수 있었다는 프로테우스처럼 필요에 따라 자신의 경력에 도움이 되는 방향을 부지런히 탐색하고 자신을 변화시켜야 한다는 것이다.

우리가 프로티언 어쩌구라는 그럴듯해 보이는 명찰을 단 메타몽[2] 취급을 받게 된 건(심지어 이젠 그렇게 분신술을 부려야 하는 모습이 N개로 늘어났다), 전통적으로 평균적인 노동자를 키워내던 대표적인 두 기관인 공교육과 대학 교육이 점점 무능해지고 있는 공기 때문이다. 대학교는 이미 스펙을 쌓는 취업 전문 기관을 자처한 지 오래지만, 취직 뒤에도 사내 스터디에서 계속 공부해야 살아남을 수 있다. 노동자의 현재 업무 스킬과 일터에서 요구하는 역량 사이의 간극을 뜻하는 '스킬갭skill gap'은 시대의 문제가 됐다. 이 간극을 채우기 위해 '랜선 사수'가 탄생한 것이다. 하지만 이조차 '마이크로 크리덴셜micro-credential (실무 역량 인증 교육 과정)' 같은 에듀테크edutech 시장의 일부일 뿐이다.

"회사는 학교가 아니다"라지만, 업무를 위해 사람들은 학생 시절 방과 후 시간보다 이렇게나 많은 시간과 돈을 쏟고 있다. 대학교 학자금과 달리, 이 '학자금'에는 대출을 지원

---

2  어떤 포켓몬으로든 변신할 수 있는 남다른 개성을 가진 포켓몬. 뷰티 유튜버 이사배의 별명이기도 한데, 어떤 연예인이든 메이크업으로 변신할 수 있기 때문이다.

하거나 수강료가 반값이어야 한다는 주장은 거의 없지만 공부하는 직장인을 뜻하는 '샐러던트saladent'라는 신조어까지 생길 정도면 말 다 했다. 그런데도 경영자들은 사내에서 직접 배우지 않게 하려 안달이다. 이는 글로벌 기업 아마존의 성공 요소로 꼽히는 '싱글 스레드 리더십single-threaded leadership'에서도 잘 드러난다. 싱글 스레드 리더십이란 말은 또 뭔가 하니, 한 사람에게 여러 책임을 동시에 부여하지 않고 단 하나의 업무 목표에만 집중하게 한다는 개념이다. 이런 식의 책임과 업무에는 사수나 부사수 개념이 들어설 자리가 없다.

## 대체 불가능 인재가 돼, 아니 되지 마, 아니 돼

"대체 불가능 노동자가 돼라." 많은 경영 컨설턴트들이 지금 시대의 노동자들에게 내리는 명령이다. 회사가 나를 지켜주지 않는다면, 결국 나 자체가 경쟁력을 갖춘 대체 불가능 토큰NFT, non-fungible token이 되는 수밖에 없다는 말이다. 물론 대체 불가능 토큰처럼 멀끔하게 이미지 관리도 해야 할 테다.

동시에 나라는 토큰을 한 종목에 투자하지 말라고 한다.

그 종목이란 '상사'다. 미국 미래학자 CEO인 제이슨 셍커는 자신의 저서 《코로나 이후 불황을 이기는 커리어 전략》에서 '상사라는 리스크'에 대해 오래 그리고 깊게 생각하라고 당부한다. 상사 리스크란 상사가 우리를 해고하거나 구조조정에 나서는 리스크를 말한다. 상사가 배움을 주기는커녕, 목숨 줄이 된 것이다. 그래서 상사를 한 명만 두는 것은, "저축한 돈을 전부 한 종목의 주식에 투자하는 것만큼이나 위험한 일"[3]이라고 한다. 이렇게 따지니 정말 무섭다. 겨우 '영끌'한 나의 경쟁력을 그런 상사 때문에 잃게 놔둘 수 없을 것 같다.

그래서 그 대체 불가능 인재는 어떻게 되는가 찾아보면, 전문가들은 공통적으로 '배움'을 꼽는다. 어학은 기본이고 급기야 도자기 레슨까지 받으라고 한다. 어떤 것이든 아무것도 배우지 않는 것보다는 낫다면서. 셍커 역시, 사용할 일이 없다고 생각되어도 일단 라틴어를 배우면 언젠가 HTML만큼은 확실히 배우는 데 도움이 될 수 있다고 말하며 배움을 강조한다. "특히 연차가 쌓인 직장인이라면 굼벵이도 구르는 재주가 있고 또 그러길 원한다는 것을 보

---

3  제이슨 셍커, 박성현 옮김, 《코로나 이후 불황을 이기는 커리어 전략》, 미디어숲, 2022, 106쪽.

여줄 기회가 된다"[4]고. 스티브 잡스가 아이폰을 발명하는 데 대학생 때 우연히 들었던 캘리그래피 교양 강의가 도움이 됐다는 일화와 비슷하게 들린다. 나도 생각해보면 굼벵이로서 구르는 재주를 종종 보여주긴 했다. 전공이 철학이라고 하면 "글 쓰는 거 좋아하지?"라는 말과 함께 홍보 글이나 귀빈에게 쓰는 의전용 카드 문구를 짜내는 업무를 부여받곤 했으니까. 다만 잡스가 아닌 굼벵이로서 그저 영양가 없는 업무가 추가되는 개념이었지만(그래도 업무가 부진하다고 느껴질 땐 그거라도 받아서 해내는 게 나쁘진 않았다).

　그런데 셍커는 한 가지 주의할 점을 덧붙인다. 이렇게 열심히 배워서 다른 직원들을 능가하되, 다른 직원들의 심기를 건드리지 않도록 조심하라는 거다. 그의 경험은 이렇다.

　　나는 회사에서 요구하는 수준 이상으로 역량을 발휘하려고 노력했다. 그곳에서 특별한, 때론 유별난 일을 했다. 텔레비전, 라디오, 인쇄 매체, 그리고 대규모 콘퍼런스에 금융 예측 전문가로 출연했다. (중략) 같은 콘퍼런스에 패널의 연사 중 한 명으로 좀 더 작고 눈에 덜 띄는 맥킨지 최고 선임위원이 있었다. 그는 오바마 행정부에서 일한 거물

---

4　위의 책, 99쪽.

이었고 나 같은 비교적 풋내기가 기조 연설의 스포트라이트를 받는 것을 달가워하지 않았다. 다행히도 그분은 나의 업무 보고 체계에 직접 관련이 있지 않았다.[5]

이게 무슨 '꾸안꾸(꾸민 듯 안 꾸민 듯한)' 전략인지? 메타몽이되 '꾸안꾸' 메타몽 인재가 되어야 한다는 말일까? 우리가 '꾸안꾸'나 '청순하되 섹시하게'라는 말에서 익히 알듯이, 이런 모순율은 도달하기 어려울뿐더러 그렇게 되더라도 언제든 그 균형이 무너져 내리기 십상이다. 임원이나 고용주에게 대체 불가 노동자란 결국 프리미엄이 붙은 부품일 것이기 때문이다. 부품으로서의 노동자는 마모(번아웃)되지 않으면서도 열심히 성능을 업그레이드해야 하지만, 임원과 고용주를 능가하는 순간 임원과 고용주의 불쾌한 골짜기uncanny valley[6]를 자극하게 될 것이다. 근로 소득이 주 수입원인 노동자는 언제든 대체 가능하고, 자산 소득가들은 그 자체로 대체 불가능하다는 근본적인 구조가 깔려 있으니까.

대체 불가 노동자의 다른 말은 셀프 브랜딩self branding

---

5  위의 책, 109~110쪽.

6  인간이 비(非)인간 존재를 볼 때, 그것과 인간 사이의 유사성이 높을수록 호감도도 높아지지만, 일정 수준에 다다르면 오히려 불쾌감을 느낀다는 이론.

이다. 흥미로운 건, 랜선 사수가 되는 것이 셀프 브랜딩의 방법이기도 하다는 것이다. '퍼블리' 박소령 대표는 한 매체와의 인터뷰에서 사람들이 퍼블리를 주변에 추천하는 이유 중 하나로 "(퍼블리에) 내 프로필을 만들고 내가 읽고 생각한 콘텐츠를 올리면서 셀프 브랜딩이 되고, 채용·이직 제안도 받으면서 스스로 신뢰를 구축할 수 있는 서비스"를 꼽았다.[7] '원티드'는 아예 직장인 대상으로 교육 콘텐츠를 제작하고 판매할 수 있도록 '랜선 사수'를 모집하는 업체다. 랜선 사수를 자처하는 강사들은 자신도 사수 없이 경력을 쌓아왔다고 소개하는 경우가 많다. 모두가 사수를 자처하는데 어디에도 사수는 없는 이상한 세상이다.

반대로 대체 불가 노동자가 되어선 안 된다는 지적도 많다. 한 디자인 기업의 최고브랜드경영자는 '사일로 효과silo effect'라는 개념을 들어 반대한다. 개인이 지식과 기술을 독점하는 문제라는 것이다. "그의 퍼포먼스를 따라가느라 많은 사람들이 철야에 시달리게 되고, 그 탁월함을 가르쳐주지도 않기 때문에 그와의 협업은 성장도 뭣도 아닌 착취가 되어버린다. 무능한 중간 관리자는 그를 이용

7  성영주, 〈"퍼블리의 시즌 2가 시작됐다" 퍼블리 박소령 대표〉, 넥스트유니콘, 2021.09.08., https://www.nextunicorn.kr/content/387b7ca704acc636

해 자신의 성과를 부풀릴 수도 있다"[8]라면서. 확실히 이런 사람이 동료라면 안 그래도 편히 신청하지 못하는 휴가를 낼 때 더 눈치를 볼 것 같다(다만 여기선 사일로 효과를 유발하는 불안정한 고용 환경에 대한 이야기는 빠져 있다).

'꾸안꾸' 메타몽 노동자여야 할 뿐 아니라, 대체 불가 노동자가 되라면서 되지 말라고 한다. 나는 자꾸 발을 헛디디는 노동자가 된다.

## 일머리와 일몸

직사각형 모니터 속 사수들에게 아무리 디지털 생활비를 갖다 바쳐도 영영 알 수 없는 것들이 있다. 내 업계에서 어디가 진상 거래처이며, 그 거래처와 소통할 때 예민하게 챙겨야 할 이슈가 뭔지, 그 거래처에서 그나마 친절히 답장해줄 담당자는 누구인지, 그 담당자는 원래 이렇게 답장이 느린 편인지, 그래서 결국 내가 지금 잘하고 있는지 말이다(그저 당장 퇴사하지 않게 만들기 위한 립서비스 말고). 강의에서 해소되지 않는 부분들을 랜선 사수에게 직접 문의

8    여현준, 〈조직에 필요한 인재는 '대체 불가한 인재'가 아니다〉, 《ㅍㅍㅅㅅ》, 2021.02.08., https://ppss.kr/archives/234980

할 수 있는 일대일 코칭 프로그램도 판매되고 있지만, 실제 내 현장의 상황과 맥락에 대해선 그 랜선 사수는 문외한이다. 또 직장 내 커뮤니티에서 타 부서 직원과 함께 식사 자리를 마련해주거나, 업무 중 실수를 다른 방식으로 해결하는 법을 알려주거나, 기존에 배분된 업무를 다시 조정해달라는 요청을 들어줄 수도 없다.

나는 일머리가 없는 편이다. 임시직과 계약직을 전전하고 프리랜서 작가 생활을 하면서 일터와 지속적으로 연결된 경험이 적은 영향도 있다. 다른 말로 하면 고립에 오래 노출되어왔던 노동자여서 그렇다. 업무의 이슈들을 다른 동료나 상사와 함께 해결할 관계 자원, 업무 피드백을 수시로 주고받을 기회, 일의 전체적인 맥락과 역사를 파악할 위치, 문제에 적절한 시기에 충분히 개입해서 바꿔낼 수 있는 권한, 민감한 이슈여서 구두로만 공유되는 정보들로부터의 고립 말이다.

일머리라는 게 우리가 보통 말하는 '뇌'일 수 없다. 일머리가 '공부 머리'와 구분되는 개념인 것처럼, 일이란 게 단지 수능 인터넷 강의 듣듯 지식만 쌓는다고 잘하게 되는 것이 아니기 때문이다. 누구든 인수인계서가 아무리 잘 정리돼 있다 하더라도 그것만 달달 외워서 따라 해내기만 하면

순조롭게 일이 풀리는 게 아니라는 걸 안다. 일머리에는 일터에서 사람들과 부대낄 '일몸' 그리고 그 일몸들 간의 적절한 '관계'가 필요하다.

오피스 사수는 멸종하고 랜선 사수만 증식하는 시대에는 일몸들이 뻗을 자리가 사라지고, 일머리만 둥둥 떠다니는 것 같다. 몸살을 앓을 수밖에 없다. 그 몸살의 이름은 직장 내 괴롭힘 문화다. 일몸이 고립된 곳에서는 내 일이 조직 시스템이 아니라 누군가의 일하는 방식에 좌우된다. 조직 내 관계와 시스템이 부실하다면, 누군가의 실수 하나도 다른 사람들이 고스란히 감당해야 하는 탓에 여유가 고갈된다. 여유가 없으니 소통으로 풀기보다 갑질과 괴롭힘이라는 당장 손쉬워 보이는 '해결책'을 남발하게 된다. 또 업무 자체의 우선순위보다 상사의 그 날 기분 지수가 우선순위가 되기도 한다. 중간 관리자가 없으니 다른 동료의 근태 관리에 개입한다거나 업무 배치에 간섭하면서 '완장질' 하는 직원도 생기기 좋은 환경이다.

상황이 이렇다 보니 고립된 채 몸살을 앓는 일몸들은 어떻게든 일머리를 키우기 위해 역설적으로 '단절'을 택하게 된다. 사실 현대사회의 또 다른 이름은 초연결 사회일 정도로, 우린 어느 때보다도 일터와 접속돼 있다. 이메일, 카카오톡, 슬랙 같은 메신저로 퇴근 후에도, 심지어 퇴사 후에도 업무 연락을 주고받는 것이 당연하게 됐다. 연결되지 않을 권리가 보장되지 않는 사무실에서 우리는 어째서 적절한 사내 관계를 형성하는 데 실패하고 서로 단절되는 것일까. 에세이레터 '풀칠' 발행인 이상우 씨는 이렇게 표현한다. "회사에서 사수는 무관심으로 신참이 사회인의 소프트웨어를 탑재하도록 돕는다. 그 소프트웨어의 이름은 '각자도생'이다."[9] 그래서 일잘러 담론에는 노동조합, 노동권에 대한 이야기는 빠져 있다. 바꿔 말하면 일머리의 명치는 직장 내 갑질, 착취, 차별일 수밖에 없다.

## 일잘러는 태어나는 게 아니라 길러진다

어찌저찌 랜선 사수들의 도움을 받아 마침내 대체 불가 노동자가 되었다고? 잠깐, 축하하기는 이르다. 대체 불가능한 상태를 유지·보수하는 일이 남았다. 그러려면 젊고, '건강'하고, 충분한 자본이라는 조건이 뒷받침되어야 한다. 업무 효율을 최대로 짜낼 수 있도록 가사 노동을 대신 맡아줄 아내가 있으면 더욱 좋다. 당연히 이런 조건들은 일부 사

---

9  이상우, 〈사수〉, 브런치, 2022.03.23., https://brunch.co.kr/@strangecowcow/86

람의, 일시적인 이야기다. 랜선 사수가 MZ세대의 트렌드라고 꼽는 이야기엔 대학교를 졸업한 화이트칼라 노동자만 가정하는 것도 이와 무관하지 않을 것이다. 그리고 모두가 알지만 대놓고 말하지 않는 사실, 아무리 일을 못하더라도 사내 정치 속 '라인' 한번 잘 타거나 임원의 친인척 신분이라는 프리패스 티켓을 이기지 못한다. 결국 스킬을 통해 일잘러가 되어 살아남는다는 랜선 사수 담론은 대다수는 일못러일 수밖에 없는 구조는 가린다.

15년 경력의 라트비아 출신 소프트웨어 개발자, 에두아르드 시조프는 '일잘러'를 두고 "뛰어난 개발자는 뽑히는 게 아니라 길러진다"[10]라며, 다음과 같이 말했다.

> 오늘날의 기업은 이상하고 복잡한 다단계 면접 과정을 통해 '충분히 뛰어나지 않은' 지원자를 걸러내는 작업을 하고 있습니다. 거지 같은 기업과 나쁜 영향으로 망가져버린 구직자에게는 기회가 거의 주어지지 않습니다. (중략) 기업은 가공된 다이아몬드만 찾느라 다이아몬드 원석을 쓰레기통에 던져버리는 채용 과정을 만들고 있죠.

10 Eduards Sizovs, 〈Great developers are raised, not hired〉, 에두아르드 시조프 웹사이트, 2019.04., https://sizovs.net/2019/04/10/the-best-developers-are-raised-not-hired/

업무에서의 멘토링 역량을 키울 수 있다면, 신입도, 망가진 플레이어도, 가면 증후군(스스로의 실제 능력을 의심하는 현상)에 빠진 사람도 채용해서 충직하고 우수한 인력 집단으로 탈바꿈시킬 수 있습니다. 평가하려고만 들지 말고, 멘토링하는 것으로 초점을 옮겨 면접 과정을 단순화할 수 있습니다. (중략) 구인 설명란의 '어려운 필수 조건'을 완화해, 가면 증후군을 가진 사람이 걸러지지 않도록 해보세요. 많은 여성 지원자들은 최소 요건이 완전히 충족되는 경우에만 지원하는 경향이 있다는 것도 기억하세요.

게다가 조만간 랜선에서조차 사수가 사라지게 될지 모르겠다. AI가 우리의 엉덩이를 사무실에서 차버리고 그 자리를 꿰차나가고 있기 때문이다.

미국 실리콘밸리 개발자로 오래 일해온 마틴 포드는 저서 《로봇의 부상》에서 '테크노 봉건제도techno-feudalism' 사회를 예견한다. 기술의 고도화가 오히려 중세 봉건주의가 붕괴한 뒤 성립된 자본주의의 퇴화를 부추기고 있으며, 소수의 부자들만을 위한 고가 제품과 서비스를 생산하는 산업만 생존할 것이라는 전망이다. 영문학 연구자 김성익은 자신의 글[11]에서 그 예시로 세계 최대 전자상거래 기업 아마존Amazon을 든다. 오늘날 아마존은 단순히 시장 내에서 여러 다른 기업과 경쟁하는 하나의 기업이 아니라 수많은 기업에게 공간을 제공하는 플랫폼이자 시장이 되었다는 것이다. 이때 아마존은, 엄밀히 말하자면 시장이라기보다 "봉건 영주가 제공하는 영지 혹은 장원과 훨씬 더 비슷"하다. 특정 상품이 잘 팔리도록 검색 결과의 상단에 특정 상품을 배치하는 등, 여러 조작의 행위가 "아마존 내부의 판매자를 영주에게 종속된 일종의 농노와 같은 상태로 전락시킨다"라는 설명이다. 포드는 다만 테크노 봉건주의는 중세 시대와 달리 "농민은 대부분 군더더기가 될 것"이라고 지적한다.

우리 대부분은 아무리 배워도 날로 가속되는 기술 발전에 따라 일못러가 되고, 언젠가 모두 대체 가능해진다. 랜선 사수는 그런 시대의 과도기 혹은 우리의 불안감을 채우기 위한 임시 땜질이다. 대신 주목해야 할 건 일잘러 담론에서 쏙 빠져 있는, 돌봄노동일 테다. 자본주의든 테크노 봉건제도든 선사시대든 인류가 살아가는 데 항상 대체 불가능한

11  김성익, 〈테크노 봉건주의, 명품, 주술, 영성〉, 김성익 블로그, 2021.11.22., https://spirall.tistory.com/3375

일이었지만 곧잘 평가절하되어온 노동 말이다. 인간에게는 어려운 것이 기계에게는 쉽고, 반대로 인간에게는 쉬운 것이 오히려 기계에게는 어렵다는 '모라벡의 역설Moravec's Paradox'은 이 돌봄노동의 영역에서 특히 그렇다.

예전에 요양 보호사분들을 인터뷰한 적이 있다. 한 어르신을 간병하기 위해서 요즘 어르신들이 좋아하는 트로트를 리스트 업해뒀다가 어르신이 울적한 기색이면 한 곡 뽑아 분위기를 전환하고, 날씨·입맛·질병을 고려해 냉장고 재료를 파악해가며 요리를 해내고, 몸의 상태를 파악해 마사지를 하고, 어르신이 살아온 이야기를 미리 다 경청해둔 다음에 추억을 회상하게 하거나 치매의 경과를 알아보기 위해 중간중간 질문을 던지고, 보호자와의 관계까지도 고려한다고들 하셨다. 그 전문성에 압도되었고 그럼에도 너무 적은 보수와 열악한 노동 처우에 망연했었다. 이런 돌봄노동의 영역에서는, 아무리 일잘러여도 일잘러로 잘 드러나지 않는다. 미국 인류학자 데이비드 그레이버가 《불쉿 잡》에서 "우리 사회에는 어떤 직업이 다른 사람들을 이롭게 하는 것이 확실할수록 정당한 보수를 받을 확률은 더 낮아진다는 일반 원칙이 있는 것 같다"[12]라고 지적했듯이, 돌봄노동을

---

12　데이비드 그레이버, 김병화 옮김, 《불쉿 잡》, 민음사, 2021, 18쪽.

잘하는 데 관심을 기울일수록 사회적·경제적 인정을 받을 수 없었기 때문이다. 하지만 누군가를 살리고 살아가게 하기 위해서는 그를 총체적으로 배려하고 감정을 싣고 몸을 쓰며 관계를 맺는 돌봄노동이 필수다. 20년 후 즈음엔 우리나라에선 3명 중 1명이 노인이 되고,[13] 그로부터 10년 뒤엔 세계인의 절반 이상이 생존 불가능해질[14] 근미래를 앞둔 우리에겐 더욱 그렇다.

나는 오늘도 편의점 삼각김밥을 사 먹고, 원고를 쓴다고 집안일을 한 주 미뤘다. 이 마지막 문단을, 결론을 내기 위한 당위로만 쓰이지 않기 위해서는 무엇부터 해야 할까. 우선 바닥 먼지라도 쓸고, 미뤄뒀던 안부 메시지를 보내야겠다.

**13** 안광호, 〈2040년엔 3명 중 1명이 노인…일하는 인구는 절반뿐〉, 《경향신문》, 2022.04.14., https://www.khan.co.kr/economy/economy-general/article/202204142201015

**14** 이원준, 〈"기후변화로 30년 뒤 대부분의 인류 문명 파멸"〉, 《뉴스1》, 2019.06.05., https://www.news1.kr/articles/?3639044

**중고거래**

명품 가방부터 판매자의 노동력,

이웃까지 팝니다/삽니다

불현듯 우린 사이버 체온을 관리하는 존재가 됐다. 이제는 '국민 앱'으로 불리는 당근마켓의 등장 이후다. 스스로는 온기를 얻지 못해 일광욕을 하거나 포유류 곁에서 몸을 데우는 파충류처럼 '매너 온도(거래 후기가 반영된 당근마켓의 신뢰 등급 제도)'를 얻으려 무료 나눔을 하거나, 이모티콘을 꼭 붙여가며 인사 메시지를 건네는 식으로. 다만 파충류와 차이점이 있다면 사이버 체온이 필요 이상으로 과열되는 경우가 많다는 거다.

내 매너 온도 과열의 시작은 애물단지였던 1킬로그램짜리 덤벨 세트를 직거래한 돈으로 앙버터 크루아상을 사 먹은 일이었다. 비닐 포장지에 묻은 앙버터를 핥으며 앞으로

이렇게 바꿔 먹을 엿들을, 또 팔 만한 물건들을 셈하기 시작
했다. 당근마켓 판매 초반에는 잘 입지 않는 옷 몇 가지만 업
로드를 했다가, 나중에는 남는 옷걸이나 모아둔 봉투, 시나
몬 스틱 소분[1]한 것까지 탈탈 털어 판매 목록에 올렸다.
그렇게 냉장고 파먹기(냉장고 속 식재료를 다 먹을 때까지 장을 보
지 않는 것)마냥 집 구석구석을 판 지 한 달 만에 내 당근
마켓 계정의 매너 온도는 50도까지 상승했다. 그래서 거
래 실적은? 두 달간 판매 건수는 55개, 액수는 34만 원
으로, 고작 한 건당 5000원을 벌었다. 물론 물건 사진을
다양한 각도에서 찍고, 보정하고, 판매 멘트를 고심하고,
구매를 문의하는 사람과 가격을 협상하고, 거래 약속을
잡고, 약속 장소에 나가거나 택배를 보내는 그 모든 노
력은 제한 값이었다. 그럼에도 중고 거래에 매달렸던 건
당시 실업급여 수급자 신분이어서 현금을 쥐는 유일한
수단이었던 사정도 있었다. 하지만 이제 중고 거래와, 그
거래를 수월히 하기 위해 매너 온도를 관리하는 일이 삶
의 디폴트값이 되었다는 예감이 들었다. 그리고 그게 흔
히 광고하듯 절약의 정신과 꼭 가깝기만 한 일은 아니라
는 것도.

1  지금은 당근마켓에서 이런 식품 거래는 금지하고 있다.

# 중고 거래, 이거 노동이잖아?

덤벨, 마우스 같은 일상용품들은 사용감이나 제품 모델명만 잘 보이도록 찍어두면 적당히 팔린다. 하지만 옷이나 악세서리 같은 패션 템들은 사정이 다르다. 패션은 말 그대로 추위와 비를 차단하며 체온을 유지하고 외부 오염을 방지하는 기능 이상이다. '힙이 터지고', '무심한 듯 고급진 분위기를 연출할 수 있다'는 등의 약속이 있어야 한다. 이 약속의 제1 보증수표는 '당그너블<sup>당근+able</sup>(당근마켓에 올릴 수 있을 만한)' 이미지다. 사이즈나 소재 정보, 제품의 구석구석을 보여주는 일도 중요하지만, 근본적으로는 인스타그래머블 이미지와 유사하게 일종의 감성 장사이기 때문이다(이건 내가 '꾸미는' 젊은 여성이기에 그렇다).

나는 그런 면에서 신용도가 낮은 판매자였다. 내 옷들은 대체로 가격 방어도[2]가 낮았다. 유니클로 같은 SPA 브랜드가 대부분이었던 내 옷은 원가가 10만 원에 가깝든, 택도 안 뗀 새 제품이든, 처음엔 5000원 아래로 가격을 낮춰야만 겨우 구매를 원하는 메시지가 떴다. 그조차도 "에눌 되나요?"라는 문의를 받아야 했다. 그러다 나랑 똑같은

---

2  시세가 떨어지는 정도. 가격 방어도가 낮을수록 되팔 때 비용 보전이 덜 된다.

민소매 티셔츠를 무려 3만 원에 내놓는 파는 판매자를 발견하게 됐다. 한마디로, 자산을 불리지 않고 신용 등급을 올리는 법이 따로 있단 걸 눈치챈 계기였다. 그 사람과 내가 올린 민소매 티셔츠 사진을 꼼꼼히 비교·분석한 끝에, 우선 내 옷들을 철사 옷걸이 대신 원목 옷걸이로 바꿔 걸었다. 옷걸이 근처에는 논픽션이나 구찌 향수 용기를 두어 은근슬쩍 프레임에 걸쳐 찍히도록 했다. 기회가 된다면 집 구석이 아니라 힙한 카페를 들르면 포토존에서 거울 착샷을 건져두었다. 그렇게 찍은 사진에서 문득 휴대폰 케이스가 낡아 보여서 신상으로 교체해 갈아 끼우기도 했다. 다리가 길어 보이기 위해 카메라 렌즈를 아래 방향으로 두고 찍는 방식이 올드해졌다는 것도 알게 되어서 요즘 거울샷 찍는 유튜브 콘텐츠들도 시청했다. 이렇게 한창 열을 올리다가 깨달았다. '사업자만 등록하지 않았을 뿐이지, 이거 그냥 소상공인 생활이잖아?'

뿐만 아니라 물류 센터 직원이자 배달 노동자 생활이기도 했다. 한 물류 전문가는 당근마켓을 '물류 없는 물류'를 할 수 있는 플랫폼이라고 명명했다. 상품을 보관할 물류 센터는 발코니나 베란다, 상품을 배송할 기사는 우리 자신이라는 거다. 과장법을 좀 더 밀고 나가면 우린 디피용

마네킹이기도 하다. 언제든 팔아넘길 임시의 상태로서 옷을 입고, 물건을 사용하고, 깨끗이 관리하고 있으니까.

그리고 배달 노동자라는 비유법은 짜잔! 실제가 되었습니다! 당근마켓에서는 2021년 '당근배송' 베타 서비스를 출시했다. 배달원이 거래 물품을 판매자에게서 수거해 구매자에게 전달해주는 서비스다. 건당 이용료는 3000원. 번개장터에서도 비슷한 서비스 '포장택배'를 내놨다. 우리는 우리도 모르게 당근맨, 번개맨으로 일하는 중이다.

## 미담과 악담 사이 매너 노동

당근마켓은 미담 제조기로도 유명하다. 한 언론에서는 매너 온도 99도인 이용자들을 인터뷰하기도 했다. 그 기사는 "매너 온도 99도에 대한 기대감은 유니콘의 존재를 믿는 마음과 같다. (중략) 스스로 온기를 만들어내는 사람에겐 분명 '이야기'가 모인다"[3]라고도 설명한다. 그런데 나는 매너 온도가 99도인 사람을 만나 황당한 일을 겪었다.

그분은 내 500원짜리 에코백 두 개와 무료 나눔용 호신

---

3  이유진, 〈상위 0.01% '매너온도 99도'에겐 뭔가 특별한 것이 있다〉, 《경향신문》, 2021.01.16., https://m.khan.co.kr/national/national-general/article/202101160600095#c2b

용 호루라기를 거래하고 싶다는 메시지를 보냈다. 당근마
켓 전체 이용자의 0.016퍼센트밖에 안 되는 셀럽을 만날
기회라니! 과연 매너 온도 99도는 달랐다. 그냥 "저는 목
요일 밤은 9시 이후에만 됩니다" 같은 단순한 정보 전달
메시지에도 "친절하시네요"라는 칭찬에 이모티콘을 두 개
씩 붙이는 건 기본이고, 자신의 실명과 휴대전화 번호를
안내하며 신용을 보증하고, 만남 약속을 잡은 장소의 지
도와 현장 사진까지 찍어 보냈다. 다소 부담스러웠지만
요즘 같은 시대에 1000원짜리 거래에도 이렇게 뜨거운
사람이 존재했던가 생각하며 직거래 날을 기다렸다. 그
런데 당일 현장에 나타난 그의 온도 차에 놀랐다. 우선 풍
채 좋은 아저씨라는 점부터 그랬다. 일반적으로 에코백을
구매하는 사람, 그렇게 과한 친절을 구사하는 사람이 중
년 남성이기는 희박하니까. 또 현실에선 토끼 모자를 쓰
고 귀여운 얼굴을 대신해주는 이모티콘이 없어서인지, 다
소 무뚝뚝해 보였다. 어쨌든 그가 물건을 받은 뒤, 나도
1000원짜리 지폐를 받아 지갑에 넣으려는데… 그는 또 무
언가를 함께 건넸다. 그가 펼쳐 보인 팸플릿에는 유명 다
단계 업체의 로고가 박혀 있었다. 그리고 그 팸플릿에 스
테이플러로 찍혀 붙어 있던 명함에는 그의 이름과 영업실

장이라는 직함이 나란히 적혀 있었다. 다른 때였으면 곧바로 거절했을 그 팸플릿을 어색하게 손에 쥐고 집으로 터벅터벅 걸어왔다. 원하지 않은 영업을 당했다는 기분에 내내 찜찜했다. 그가 매너 온도를 유지하는 데 과한 에너지를 들이고 있다고 생각했는데, 수지타산이 맞는 일이었던 것이다. 단돈 1000원에 (심지어 물건까지 받고) 잠재 고객이 직접 영업 장소까지 발걸음을 하게 한 뒤, 거절할 수 없는 마케팅을 한 거다.

이후에도 매너 온도가 90도가 넘는 사람들과 의외로 쉽게 마주쳤다. 그중 한 사람에게 산 파우치에는 큰 얼룩이 있었는데, 항의하려고 보니 대화방이 사라져 있었다. 조금 알아본 바로는, 판매한 상품을 거래 완료로 전환하기 전 무료 나눔으로 변경해 매너 온도를 쉽게 올리는 수법이었다. 또 다른 고온의 판매자는 첫인사를 생략하고 다소 명령조로 말하는 편이어서 매너가 좋은 편은 아니었는데, 대신 희귀한 해외의 중고물품을 800건 넘게 올려두고 있었다.

결국 매너 온도 제도라는 게 그 명칭이 풍기는 것처럼 상대방에 대한 존중을 뜻한다고만 할 수는 없었다. 영업을 위한 수단, 판매율을 높이기 위한 꼼수, 수요가 많은 상품 물량 확보도 매너의 조건이 된다.

매너 온도는 '중고 그래픽카드를 샀더니 벽돌이 왔다더라' 같은 사기를 막을 효과적인 방안이긴 하다. 매너라는 자본을 쌓고 유지하기 위해 앱 유저끼리 신경 쓰며 '치안'이 유지되기 때문이다. 그렇지만 이 제도의 핵심은 존중이라기보다 이익을 위한 수단이어서, 악담은 필연적이다. 당근마켓 이후 '아름다운 가게' 등 물품 기부율이 눈에 띄게 줄었다는 소식[4]만 봐도 '무료 나눔'이 '나눔'이 아닌 것이다. 당근마켓 판매자들은 그 '나눔'을 통해 평점을 올리고, 그 평점을 기반으로 판매율을 높일 수 있다. 또 매달 '무료 나눔의 날'을 정하고, 최다 무료 나눔자를 선정하는 당근마켓 측의 선전을 보면 유저 접속률과 거래 물량을 많이 확보해 결국 광고 수익을 올리기 위한 제도에 가깝다는 의심이 든다.

범죄도 벌어진다. 극단적인 사례로 금을 거래하다 살인을 저지르거나, 가구를 산답시고 성폭력 가해를 저지른 사건이 있었다. 이런 사건에는 '그러니 왜 그렇게 위험하게 거래했느냐'며 피해자 탓을 하는 댓글이 수두룩하다(반면 신기하게도 미담과 달리 플랫폼 자체를 문제 삼는 일은 찾아보기 힘들

---

4  송진식, 〈"당근~" 뜨니 기부 물품 줄었다〉, 《경향신문》, 2021.09.19., https://m.khan.co.kr/national/national-general/article/202109190900001#c2b

다). 당근마켓을 구글에 치면 연관 검색어로 '당근마켓 레전드'가 뜬다. 여성의 착샷을 공유하며 남성 커뮤니티에서 품평하고 성희롱하는 '콘텐츠'다. 나도 예전에 파티 의상으로 샀던 하네스를 당근마켓에 올리자마자, 남자로 추정되는 계정들로부터 연락이 왔다. 상품을 문의한다는 핑계로 입고 보여달라, 망사 스타킹을 신어줄 수 있느냐며 성희롱을 했다. 매너, 미담의 강조는 오늘도 평화로운 중고 거래 문화 조성에 근본적인 해결이 될 수가 없다.

매너 온도 같은 평판 제도는 배달 앱이나 지도 앱에서의 영수증 리뷰, 가사 도우미 앱에서의 평점 매기기처럼 플랫폼들이 널리 활용하는 '당근'이다. 시사주간지 〈주간경향〉에서는 이런 제도를 '별점 노동'이라고 지적했다. 플랫폼들은 구체적인 업무 매뉴얼과 제대로 된 교육을 생략한 채 별점이 높은 노동자들을 보여주는데, 이런 구조 속에서 노동자는 '소비자의 기분을 맞춰주는' 감정노동에 노출되고, 자괴감을 느낀다는 것이다.[5] 나도 중고 거래에서 상품 하나 팔려고 상냥한 말투, 이모티콘을 구매 문의자들에게 충분히 표현해야 한다는 압박을 약하든 강하든

---

5   송윤경·김원진, 〈'난 왕, 넌 별점 노예' 다시 바라보는 별점노동〉, 《주간경향》, 2021.07.26., http://weekly.khan.co.kr/khnm.html?mode=view&code=114&art_id=202107191038261

받는다.

　당근마켓은 '안전 거래 올림픽' 캠페인을 진행하기도 했다. 플랫폼 측에서 안전 거래 가이드 내용에 관련한 총 8개 문항의 상황별 퀴즈를 제시하고, 정답을 맞힌 참가자에게 당근거래 챔피언 배지를 제공하는 이벤트였다. 그 배지는 안전 거래를 추구하는 유저의 징표로 당근마켓 프로필에 전시되었다고 한다. 이용자에게 배지를 제공하고, 게임이라는 형식으로 덮었지만, 결국 플랫폼 내 안전을 구축하는 데 이용자들이 활용된다. 또 사용자 이용 수칙 중 하나는 'GPS(위치기반) 동네 인증을 한 진짜 이웃과 거래'인데, 거래하려는 상대방의 동네 인증 횟수를 확인해 진짜 이웃인지 여부를 판별하라는 거다. 그냥 당근마켓 측에서 이 횟수를 알려주면 되지 않나. 물론 이용자들도 신뢰 문화 조성에 참여해야 하겠지만, 플랫폼의 역할과 책임도 패스트푸트 매장의 고객 셀프바 코너처럼 은근슬쩍 떠넘기는 건 다른 문제다.

## 기후 위기의 대안 혹은 공모자

　우리 세기에 새로 형성된 지형이 있다. '쓰레기 옷 산'이다. 이런 산들은 주로 남반구인 칠레 북부의 아타카마 사막이나 가나, 방글라데시 등에 있다. 세계 각국의 사람들이 입고 버린 옷 폐기물이 가득 쌓인 채 썩어가며 형성된 지형이다. 이런 현실에서 중고 거래는 기후 위기의 대안으로 꼽힌다. 중고 거래를 하는 사람들을 두고 지속 가능한 삶을 위해 대안을 찾는 소비자를 의미하는 '세컨슈머 seconsumer'라는 신조어도 생겼다. 하지만 이 단어의 어원인 'consumer'에서 알 수 있듯, 결국 자본주의 체제 내 소비자라는 테두리에 있다.

내가 심심할 때 시간을 때우는 법 중 하나가 중고 거래 앱 둘러보기다. 그러면 꼭 매력적인 물건이 나타난다. 피드를 새로고침할 때마다 룰렛을 돌리는 기분이다. '그러고 보니 미니 사이드테이블이 있으면 저 집처럼 지갑이나 머리끈처럼 자주 찾는 소지품 두기에 좋겠는데?', '지금 책장도 합리적인 가격에 예쁜 디자인으로 잘 구매했다고 생각했는데…. 더 예쁜 게 있군. 나중에 기회 되면 저걸로 바꿔야지', '르라보 브랜드의 상탈33 향수를 10만 원에 급처한다고? 놓치면 분명 저 컨디션에 저 가격 다시 없을 텐데.' 그래서 중고 거래 앱은 월급날 즈음해선 켜는 걸 자제한다.

나만 이렇게 구는 건 아니라는 증거(?)를 찾았다. 연구자 박고은의 논문 〈소비자의 C2C 중고 거래 경험 연구〉에 따르면, 중고 거래를 활발히 사용한다고 해서 모두 똑똑한 소비자라고 할 수는 없단다. 중고 거래가 대개 선착순으로 거래가 이루어진다는 점, 재고가 없고 물건이 하나뿐이라는 C2C[6] 중고 거래의 특성들은 소비자의 충동 소비를 유발한다는 것이다. 흥미로운 건 이렇게 우발적으로 소비를 하면서도 소비자들은 자신이 합리적인 소비를 하고 있다고 여긴다는 점이었다. 시장가에 비해 저렴한 가격에 구매했다는 사실에서 큰 만족을 느끼고 이로써 자신의 소비를 '정당화'하는 모습을 보였다는 것이다. 중고 거래가 일반적으로 알뜰 소비의 상징이라는 것과 대치되는 결과다.[7]

내 스마트폰에는 중고 거래 앱들만 있지 않다. 오늘의집, 무신사, 에이블리 등 쇼핑몰 앱도 함께 활발히 접속하고 있다. 중고 거래 앱과 쇼핑 앱은 상호 부조 관계다. 쇼핑 앱에서 상품을 보고 그 상품에 대한 욕망이 생기고, 그 상품의 가격 접근성이 높다 싶으면 중고 거래 앱에서 검

---

6  Consumer-to-consumer. 소비자와 소비자 간 전자 상거래를 뜻하는 말로, 소비자들이 중개 기관을 거치지 않고 직거래를 하는 방식이다.

7  박고은, 〈소비자의 C2C 중고거래 경험 연구〉, 이화여자대학교 석사학위 청구논문, 2020.

색해서 구매한다. 반대로 중고 거래 앱에서 괜찮은 브랜드를 발견하고, 중고 거래 상품에 없는 새 상품을 쇼핑 앱에서 구매한 적도 있다. 또 중고 거래 앱 이용의 재미는 상품 구경에만 있지 않다. 어떤 판매자가 내건 상품을 둘러싼 방의 소품들, 세간살이들을 구경하면서 매력적인 라이프스타일에 대한 감각도 배운다. 여기서 라이프스타일은 삶의 방식이 아니라, 소비 방식이다.

책《마케터의 투자법》에는 중고 거래와 관련해 이런 인터뷰가 있다. "뉴발란스도 잘 신고 있지만 요즘 친환경 신발인 올버즈도 많이 신고 있는데요, 아직은 신생 브랜드이지만 재미있는 신발을 계속 만들어내면? 그럼 뉴발란스를 팔고 그 돈으로 올버즈의 여러 모델을 사서 경험하는 게 저의 구매 스타일입니다."[8] 매력적인 상품에서 더 매력적인 상품으로 갈아타기 위한 수단이 중고 거래가 되는 것이다. 기업들의 마케팅, 영업 부서에서 이걸 모를 리가 없다. 중고 거래는 기존 신품 생산 기업들에게 위기는 커녕 기회의 목록에 적혀져 있을 거다. 60만 원이 넘는 다이슨 에어랩 스타일러가 잘 팔리는 이유? 되팔았을 때 청산 가치가 두둑이 남을 걸 염두에 두고 구매하니까.

---

8   김석현,《마케터의 투자법》, 북스톤, 2021, 180쪽.

우리나라에서는 매해 헌옷의 5퍼센트만 재활용되고 나머지 95퍼센트는 모두 폐기된다. 그리고 그 폐기량은 세계 5위를 차지한다.[9] 이런 현실에서, 특정 중고 거래 플랫폼만이 대안이 될 수는 없다. 오히려 옷을 한두 번만 입고 처분하는 개념을 강화하는 공모자는 아닌지 잘 살펴야 한다.

## 중고의 '급'

각종 중고 거래 앱을 전전한 지 몇 달이 지나자, 내 옷의 가격 방어력이 점점 높아졌다(내 옷이 추위와 오염, 물과 땀에 대한 방어력이 높다는 것보다 흡족한 소식이었다). 그런데 문제가 생겼다. 그 전까지는 적당히 만족하며 입던 내 옷들이 디테일하게 초라해 보이기 시작했다. 똑같은 스트레이트 청바지라도 방어력을 높인 옷으로 갈아타고 싶다는 욕망이 생겼다. 다시 말해, 패션 안목이 조금씩 높아졌다. 이 욕망은 중고 거래를 하면 할수록 계속 불어나서, 계속 되팔기를 반복해야 했다. 욕망이 불어난다는 건 단지 예쁘고 비싼 옷을 갖고 싶다는 게 아니라, 각종 브랜드뿐 아니라 디자

---

9 〈환경스페셜〉, '옷을 위한 지구는 없다'편, 《KBS》, 2021.07.01. 방송본.

인, 유행을 읽어내고 거기에 붙은 가치와 가격에 대한 지식이 구체화된다는 뜻이기도 했다. 나중에는 중고 옷을 구매할 앱을 명품 스트리트 브랜드 위주로 판매하는 앱으로 아예 갈아탔다.

그런데 안목이 높아지더라도 이 공식은 동일했다. 내가 갖고 싶은 옷의 가격은 내 옷 서너 벌을 팔 때 가격과 같다는 것. 이 가격 차이를 메꾸다 보니 결국 중고 거래에서 번 돈보다 쓴 돈이 더 컸다. 그래서 내 되팔기에는 애초부터 한계가 있었다. 내 근로소득 수준에서 의류비로 지출할 수 있는 한계. 이걸 패션 브랜드 마르지엘라 시즌으로 따지면, 약 4~5년 전 출시된 상품이어야 겨우 가질 수 있을 정도쯤 된다. 사회학자 피에르 부르디외가 《구별짓기》에서 말한, 그 유명한 '문화자본' 개념을 실감했다. 문화에 대한 취향은 단지 사적인 게 아니고 계급이 첨예하게 구별되는 장이라고. 어느 순간부터는 이런 중고 거래 앱을 구경하는 게 고통이 되었던 이유다. 내가 결코 걸치지 못할 우아하고 빛나는 천 쪼가리들은 나의 가난을 훤히 비췄다.

어떤 동네에서 동네 인증[10]을 하느냐에 따라 브랜드의

---

10  당근마켓 앱 내에서, 설정한 동네에 실제로 있다는 걸 GPS 기술로 인증하는 시스템.

'시차'도 달라졌다. 같은 서울이더라도 어느 동네에서 앱을 켜느냐에 따라 피드의 풍광이 달랐다. 어떤 동네의 피드에는 비싼 브랜드의 가장 최신 시즌 상품들이 즐비했지만, 어떤 동네의 피드에서는 그런 브랜드들을 찾아보기 어려웠다. 취향은 단지 시각적이지 않고 시공간적이다.

중고품에도 '급'이 있다는 건, 명품 한정 중고 거래 앱의 존재만 봐도 그렇다. 대표적으로는 가품 논쟁으로도 유명해진 네이버 자회사 스노우의 크림**KERAM**, 무신사의 솔드아웃**soldout**이 있다. 미국에는 더리얼리얼**The RealReal**, 유럽에는 베스타에르 콜렉티브**Vestiaire Collective**가 대표적이다. 이 앱들은 '슈테크'의 장이기도 하다. 슈테크란 슈즈와 테크의 합성어로 희소한 신발을 비싸게 되팔아 수익을 남기는 걸 뜻하는데, 보통 이렇게 해서 정가의 2~3배를 벌 수 있다고 한다. 비슷하게 샤테크**샤넬+재테크**, 롤테크**롤렉스+재테크** 등이 있는데, 공통점은 오픈런open-run[11] 문화다. 특히 2022년 대구의 한 백화점에선 흡사 좀비처럼 에스컬레이터를 거꾸로 뛰어 내려가면서까지 신발을 구매하기 위해 달려가는 영상이 찍혀 온라인에서 퍼졌는데, 이를 보도

11 백화점 등 매장 개점 시간을 기다리다 오픈하자마자 바로 달려가 원하는 물건을 구매하는 행위를 의미한다.

한 뉴스들에서는 이런 현상을 젊은 세대의 새로운 재테크 수단이라고 설명했다.[12] 이걸 한 세대 이야기로 뭉뚱그려선 안 된다고 지적하는 목소리가 있다. 신촌문화정치연구그룹 채태준 연구원은 칼럼 〈스니커즈 재테크라는 기만〉에서 "개인이 1차 시장으로부터 한정판 신발을 '대량'으로 구매하는 방법은 거의 전무하다. 외려 신발은 2차 시장 내로 들어온 뒤에 더욱 금융상품에 가깝다. 하지만 2차 시장은 투명한 가치를 응모의 성실함이나 정동적 몰두를 통해 '운 좋게라도' 획득할 수 있는 공간이 아니"[13]라고 설명한다.

반면 오픈런에 뛰어드는 사람들은 재테크가 아닌 노동하는 쪽에 가까워 보인다고 말한다. "한정판 신발을 구매하기 위해 발매일 전날부터 매장 앞에 텐트를 치거나, 당일 이른 새벽부터 줄을 서는 행위"[14] 때문이다. 오픈런에 뛰어드는 사람들은 대부분 아르바이트 혹은 전문 리셀러

---

12  이주형, 〈신발에 목숨 걸고 역주행까지…대구 '나이키' 오픈런 넘어 '좀비떼런' 난리〉, 《매일신문》, 2022.01.14., http://news.imaeil.com/page/view/2022011422054387433

13  채태준, 〈'슈테크' 또는 백화점에 등장한 '좀비'?〉, 신촌문화정치연구그룹, 2022.02.18., https://www.culturalpolitics.kr/post/태준의-하입비스트-스니커즈-재테크-라는-기만

14  위의 글.

들이다. 그러니까 수익 올리는 사람, 발품 노동을 파는 사람이 구별돼 있는 것이다. 또한 그렇게 어렵사리 구매할 기회를 얻었다 하더라도 재테크가 되기 어렵다고 지적한다. 구매할 수 있는 수량이 제한돼 있기 때문이다. 온라인 응모라고 해도 당첨 확률을 높이기 위해선 "발매 정보를 알려주는 SNS 계정, 커뮤니티 등을 전전하며 하루 중 수십 건의 응모를 진행해야 한다"[15]라는 점에서 사정은 비슷하다.

롤테크도 마찬가지다. 롤테크를 하는 사람도 애초에 소수다. 여기에서도 '성골, 피골, 진골'로 급이 나뉜다. '성골'은 백화점에서 소비자로 구매한 사람, '피골'은 당근마켓 중고나라 등 2차 시장에서 리셀로 피fee(웃돈)를 주고 구매한 사람, '진골'은 해외에서 직구 등 통해 구매한 사람이다.[16] 중고 거래 시장은 촘촘하고 가파르게 '급'이 나뉘어 있다.

### 돌봄의 위기로 부상하는 하이퍼로컬 비즈니스

당근마켓이 생기고 난 뒤 가장 반겼던 일은 물건을 저

---

15   위의 글.

16   오정은, 〈새벽부터 300명 줄…'롤렉스 오픈런' 단숨에 1000만원 번다〉,《머니투데이》, 2021.07.31., https://news.mt.co.kr/mtview.php?no=20210730193910
22891&outlink=1&ref=%3A%2F%2F

렴히 구하거나 안 쓰는 물건을 파는 게 아니었다. 무려 단돈 3만 원에 나와 눈이 마주친 시커먼 바퀴벌레를 잡아줄 사람을 구할 수 있다는 거였다. 당근마켓에선 물건 거래뿐 아니라 이웃의 도움이 필요한 일들을 구할 수도 있다. 그래서 바퀴벌레를 잡기뿐 아니라 지붕에 떨어트린 인형을 구출해주고, 실수로 옥상에 갇혔을 때 문을 열어줬다는 등의 웃기고 귀여운 에피소드들이 온라인 커뮤니티에서 화제가 됐었다.

이런 건 정말 이웃끼리만 가능하다. 아무리 가족이나 절친이라도 시의 경계를 두고 살고 있다면, 나에게 아무리 바퀴벌레가 실존적인 위협이 된다 하더라도 그들을 부를 수는 없다. 세스코는 1인 가구에겐 예산 면에서 벅찬 서비스다. 하지만 이웃이라면 얼마든지 부탁해볼 수 있는 일이다. 한편, 여의도처럼 벚꽃 반 사람 반인 곳 말고 조용히 꽃놀이를 즐길 수 있는 동네 골목길 벚꽃 명소, 생김을 가져가면 구워주는 가게 같은 암묵지暗默知들도 그렇다. 모두 당근마켓 플랫폼의 '동네생활' 피드에서만 얻을 수 있던 정보다.

이렇게 동네 주민이라는 정체성으로 이웃들과 무언가를 주고받아본 게 초등학교 저학년 때 외에는 당근마켓이 유일하다. 요즘 사람들의 사는 사정도 대체로 비슷해서 이런 사소한 미담조차 사람들에게 훈훈함으로 느껴지는 걸 테다. 씁쓸한 일이다. 이런 생활 밀착형 문제들은 당근마켓이 아니라 품앗이, 재능 기부, 협동조합 같은 사회·행정 서비스 혹은 이제는 고어古語가 되어버린 '이웃'을 통해 나누고 해결하던 일이었으니까. 하지만 이제 이런 통로는 웜홀처럼 겨우 관측되는 사건이 되어버렸기에 기업의 동네 비즈니스에 돈을 지불해야만 겨우 누릴 수 있는 자원이 된 것이다.

"삶을 풍요롭게 할 지역 커뮤니티 재건." [17] 지방선거에 출마한 후보의 말이 아니라, 당근마켓 김용현 대표가 말한 회사의 운영 목표다. 여기서의 지역 커뮤니티란 업계 용어로 번역하면 '하이퍼로컬hyper-local 비즈니스'다. 이 서비스는 좁은 범위의 지역에 맞춘 커뮤니티 기능과 정보 공유, 중고 거래, 지역광고 등이 결합된 지역 밀착형 비즈니스를 모델로 한다. '슬세권(슬리퍼를 신을 정도의 편한 복장으로 여가·편의 시설을 이용할 수 있는 주거 권역)'도 대표적인 하이퍼로컬 비즈니스 용어다. 당근마켓이 동네 세탁소나 부동산 등의

---

17  안상희·전준범, 〈김용현 당근마켓 대표 "삶을 풍요롭게 할 지역 커뮤니티 재건이 목표"〉, 《조선비즈》, 2021.05.20., https://biz.chosun.com/industry/company/2021/05/20/F7TYFZV645H6FHYDI6NXHL54AU/

정보 공유와 지역 가게를 홍보할 수 있는 장을 마련한 건 온·오프라인 경제 생태계를 구축해 이용자 락인 효과lock-in effect(특정 제품이나 서비스에 소비자를 묶어두는 효과)를 노리려는 목적이다. 그래서 김 대표의, "늘 고민한 것도 이 부분이다. 어떻게 하면 기술로 지역 공동체의 신뢰가 유지되게끔 할 수 있을까"[18]라는 말에는 전제가 있다. '자사 플랫폼'에 한정된 지역 공동체라는 조건이다. 물론 여기서 지역 공동체가 누군가에게는 임대차 계약 기간만큼 2년 혹은 4년만 임시로 머무는 '동네 구독'과 같은 개념이고, 누군가에게는 자식과 손주에게까지 물려줄 수 있는 '프리미엄 소유'라는 간극은 드러나지 않는다.

하이퍼로컬 시장엔 이런 기업들이 우후죽순이다. 지역 커뮤니티로 대표적인 네이버 카페는 기존 '이웃 커뮤니티(중고 거래와 인기 있는 동네 카페 공유 등이 가능한 서비스)'에 '이웃톡'이라는 소통 서비스를 추가했다. GS리테일의 '우리동네딜리버리(주민이 주문한 GS오프라인 편의점 상품을 같은 동네 주민이 도보로 배달해주는 서비스)', '아파트너(입주민을 대상으로 하자 보수 신청 등 생활 밀착형 서비스와 주민 간 중고 거래를 지원하는 서비

18   전준범·김혜빈, 〈당근마켓의 따뜻한 기술, 승자 독식 없는 동네 상권에 최적〉, 《이코노미조선》, 2021.09.27., http://economychosun.com/client/news/view.php?boardName=C00&t_num=13611513

스', 직방의 '우리집(앱 내 입주민 편의 서비스)' 등 다양하다. 코로나19 시국 사회적 거리두기 방침으로 생활 반경이 근거리로 제한되며 동네에 자본이 몰리자, 기업들이 너도나도 소비자들의 니즈를 파악해 서비스를 내놓은 것이다.

물론 소비자로서 동네 커뮤니티를 활용할 선택지가 많아지는 건 편한 일이기도 하다. 하지만 우리는 지역이 소비 대상이 될 때의 병폐도 익히 안다. 젠트리피케이션 **gentrificiation**. 원주민과 상인들이 임대료 상승(이라는 이름의 공격)을 이기지 못해 쫓겨난 자리에 프랜차이즈 가게나 무인 인형 뽑기 매장만 가득해지는 풍광을, 동시에 '-리단길'이라는 억지 동네 이름이 붙는 소식을 보고 들어 왔다. "지금 시대에는 동네가 특색이 있어야 하고, 경쟁력이 있어야 한다"[19]라고 주장하는 전문가도 있다. 이제 일상을 위한 공간인 동네조차 브랜딩의 대상이 되어버렸다.

더 케어 컬렉티브의 《돌봄 선언》에서 이런 관점을 발견했다. "(기업은) 그들이 만들어낸 돌봄의 위기를 새로운 수익 창출의 기회로 삼는다"[20]라는 것. 하이퍼로컬 플랫폼 기업들도 외로운 세기에 증식 중인 돌봄의 위기를 양분

---

19   박미리, 〈모종린 교수, "코로나19 이후, 동네상권이 뜬다"〉, 《이로운넷》, 2021.08.06., https://www.eroun.net/news/articleView.html?idxno=25684

20   더 케어 컬렉티브, 정소영 옮김, 《돌봄 선언》, 니케북스, 2021, 28쪽.

삼아 성장하는 것 같다. 아무리 최소 단위로 사도 혼자 살면서 쓰기에 썩어나는 식재료들, 유튜브를 참고해봐도 혼자서는 도저히 수리하기 어려운 고장들, 침대 밖으로 손가락 끝조차 뻗기 어려울 정도로 스스로를 돌볼 여력이 없는 시기에 절실한 청소 품앗이, 1인분 이상의 몫을 해내야만 할 때 간절한 심부름들…. 이런 일상의 위기들을 처리할 수 있다고 자처하는 하이퍼로컬 서비스는 앞으로 급증할 것이다. 아이러니한 건 이런 서비스들이 늘어날수록 지역 공동체에 대한 신뢰가 늘어난다기보다, (돈만 있다면) 뭐든지 혼자서도 살아갈 수 있다는 환상이 더 부풀려지는 쪽에 더 가까워 보인다는 거다.

## 외로움에 붙잡혀 있다면, 당근을 흔들어주세요

당근마켓은 단지 사람들이 많이 쓰는 플랫폼 그 이상이다. 영화관에서 영화를 볼 푯값이 부담스러워 정가보다 싸게 내놓은 예매표를 구하려는 사람, 점점 받아지는 유행의 주기를 따라잡느라 소비에 좀처럼 만족하기 어려운 사람, 1인 가구로 살면서 닥친 난감한 문제에 도움을 구하려는 사람, 기후 위기에 대한 대안으로 소비를 지양하려는 사람…. 모두 주된 사용 목적은 다르더라도 발품을 팔고, 흥정하고, 매너 온도를 위해 이모티콘 하나 보낼 걸 두 번 보내고, 택배 상자나 뽁뽁이를 모아두고, 택배를 부쳤다는 증거로 송장 번호를 찍은 사진이 스마트폰 사진첩에 몇 장씩은 저장돼 있는, 소상공인 같은 방식으로 살아간다는 점을 공유한다. 그리고 소상공인에게는 시장이 필요한 법이라는 걸 당근마켓은 선구적으로 포착해서 수익 산업으로 구현해냈다.

당근마켓을 도시인[21]들의 사이버 구황작물이라고도 빗대본다. 수익이 주된 목적이더라도, 당근마켓에선 너무 척박해진 주민·시민 간 사회적 거리가 조금 좁혀져 있는 건 사실이다. 잃어버린 반려견을 함께 수소문해주고, 낯모르는 사람에게 '혹시… 당근이세요?'라며 인사를 건네고, 무료 나눔을 보탤 땐 어쩔 수 없이 약간, 잠시, 덜 외롭다는 기분이니까. 그러니 이렇게도 상상해본다. 당근마켓의 유행은 감정적 보릿고개에 시달리는 현대인들이 흔드는 구조 요청일지 모른다고.

---

21  지방에서 당근마켓을 돌리면 물량 자체가 적고, 있더라도 거래를 위해 차를 타고 나가야 해서 '당신 근처'라기엔 무리가 있다는 의견들이 있다.

**톡포비아, 연결되지 않을 권리를 넘어**

"빠른 답장 감사합니다." 행정 업무를 맡았을 적에, 종종 메일 회신이 빠르다는 칭찬을 받았다. 또 사무실 전화기로 전화가 오면 벨이 미처 다 울리기 전에 곧잘 수화기를 들었다. 업무 매뉴얼에 적힌, '전화 응대 시 전화벨이 2번 이상 울리기 전에 받기'보다 신속하게. 반면 당시 날 잡고 세어봤던 읽지 않은 카카오톡 메시지는 592개, 가장 마지막으로 확인하지 않은 카톡방 메시지는 24일 전이었다.

한 달 동안 메시지를 읽지 않았다니. 미국에서 직구한 타이머도 집 현관문 앞에 도착하기까지 일주일도 안 걸렸다. 일반 우편으로 주고받는 편지였어도 두세 번은 오갔을 시간이다. 새삼, 지금은 21세기다. 문명이 공들여 발전시켜온 첨단기술이 '속도'인데, 카톡에 대한 나의 반응 속도만은 유물급이다. 그렇게 쌓아둔 메시지를 몰아 읽을 때면 눈을 질끈 감게 된다. 부름에 적절히 응답하지 못했다는 죄책감에, 사과까지 더해 일일이 답장해야 한다는 부담감 때문에. "답장이 너무 늦어졌지. 미안해ㅠㅠ" 이 말이 자동응답기 수준으로 반복되다 보니, 결국 카톡 프로필 상태 메시지에 이렇게 걸어뒀다. "카톡 답장이 느립니다. 양해 부탁드려요." 식당 사장이 가게 문에 거는 "사정상 며칠간 쉽니다", "재고 소진으로 오늘 일찍 문 닫습니다" 등의 양해 팻말처럼. 다만 나는 맛집이라기보다 '대화에 쓸 에너지'라는 재고가 소진된 사정이지만. 오히려 기력이 없으면 지인들과 대화하며 힘을 받을 수 있을 텐데, 나는 대체 뭐가 무서운 걸까.

다른 메신저 앱들의 '안 읽음' 사정도 비슷했다. 문자 468개, 텔레그램 53개, 당근마켓 17개(나는 물건을 팔 생각이 없는 판매자다), 인스타그램 6개, 페이스북 3개. 다른 건 몰라도, 친구들이 싫은 게 아니다. 막상 만나면 '오디오 비우지 않고' 꽉꽉 채워서 잘 대화하고, 즐겁게 떠든다. 대체 나는 뭐에 겁먹은 걸까.

# 콜포비아 넘어 톡포비아

기억하기로 5년 전부터 '콜포비아**call phobia**(전화 통화 기피 증상)'에 대한 호소가 들렸다. 전화는 실시간이어서 문자나 전화처럼 미리 어떻게 답변할지 검토할 수 없고, 음성과 호흡에 실린 감정과 주변 소음이 고스란히 전해진다는 게 공통된 공포였다. 나는 콜포비아라는 진단명을 얻었을 때 너무 반가웠다. '내가 인성이 바닥이거나 게을러터져서 전화를 피했던 게 아니라니까! 게다가 이 정도로 많은 사람이 호소하는 걸 보면 팬데믹 수준인데.' 이제 콜포비아는 아이돌 태민과 키가 방송에서 "저도 콜포비아예요"라고 밝힐 정도로 풍토병이 됐다. 이제 내 세대에선 웬만하면 서로 전화는 걸지 말자는 암묵적인 협상이 타결돼 있다. 이걸 깨고 전화부터 거는 사람이 이제 무례한 쪽일 거다.

이때도 카톡이 부담스럽다는 이야기는 가끔 있었다. '연결되지 않을 권리'가 얘기될 때 그랬다. 점심시간, 퇴근 이후, 심지어 휴가 중에도 카톡으로 업무 관련 메시지를 받는 일이 잘못됐다는 얘기였다. 정치권에서는 이 권리를 보장할 방법에 대한 논의가 지지부진한 사이, 카카오톡은 비즈니스 프로필을 따로 설정할 수 있는 기능을 도입했다. 비즈니스 프로필은 사적인 사진을 노출하지 않는 다는 장점이 있다. 프로필만으로 근무시간 외 연락받지 않을 권리가 보장되는 건 아니지만. 하지만 나의 톡포비아**talk phobia**는 사생활 이슈라는 점에서 차이가 있다.

나의 톡포비아 증상은 2년 전쯤, 노란 박스 카톡 앱 모서리에 달린 빨간 동그라미 속 숫자가 늘어날수록 묘하게 신경이 거슬리던 게 시작이었다. 어떻게든 그 숫자를 지우려고 답장해보려고 하다가 몇 시간 미루려던 것이 반나절, 하루, 며칠씩으로 늘어났다. 대화가 늦어진 만큼 답장을 잘해야 한다는 압박감에 더더욱 답장이 늦어지는 악순환이었다. 대화의 흐름이 끊기고 서로의 감정이 유통될 기한을 자꾸 넘어버리면서 서서히 멀어진 사람들도 늘어갔다.

톡포비아를 이대로 뒀다간 인간관계가 파탄 날지 모른다. 일단 쓸 만한 방법들이 있다. '워라밸**work and life balance**' 지침 준수하기. 가장 간단한 수준으로는, 퇴근 뒤에 업무용 카톡방 알림을 끈다. 좀 더 적극적으로는, 비즈니스 계정을 따로 파거나 업무용 휴대전화를 따로 개통한다. 아님 아예 로테크**low tech** 처방으로, 2G폰으로만 연락하면 된다.

그때 띵동, 푸시 알림이 울린다. "고객님이 납부하실 임대료 내역은…" 연체하기 전 후다닥 은행 앱에 접속한다. 그런데 인증서 암호 입력 횟수를 초과했단다. 암호 차단을 풀기 위해 카톡 인증서를 켠다. 카톡 인증서는 워낙 자주 쓰니 암호를 까먹을 일이 없다. 무사히 납부하고 보니 저녁때다. 주변 식당을 검색하기 위해 카카오맵을 켠다. 점심에 먹은 식사 메뉴와 식당까지의 거리를 이리저리 계산하고 나서야 한 식당에 들어선다. 이제 음식을 주문하려고 메뉴판을 보니 콩나물국밥이 1000원 올랐다. 외식을 줄이자 다짐하고 휴대전화를 켜는데, 마침 카카오쇼핑에서 밀키트 할인 소식을 알려줘 결제한다. 밥을 먹으며 카카오TV에서 인기 동영상도 잠깐 본다. 이제 지인들의 메시지에 답장 좀 해보려는데, 왜 이렇게 지치지?

내가 MBTI 유형 중 INFP나 INTP이어서일까? 이 유형의 공통된 특징이 '(10시간 정도) 늦은 답장'이다. 근데 그건 아닌 게, 예전엔 이런 증상이 없었다. 또 나는 I와 E 성향의 경계에 있기도 하다. MBTI든 과학적 성격 검사인 Big5든 내 특성만으로 퉁칠 수 없는 문제다.

## 대화를 외주 주기

우리는 꽤 전지전능해졌다. 안부를 굳이 묻지 않아도 중

학교 동창이 자신과 똑 닮은 파트너를 만났고, 결혼식은 언제 올렸고, 아이 이름은 뭘로 지었는지까지 안다. 알고 싶지 않아도 카톡 페이지 맨 상단에 누가 프로필을 업데이트했는지 보여준다(물론 안 보이기 기능이 있지만, 구태여 따로 해제해 줘야 하는 옵션이다). 이 기능은 인스타그램 등 기존 SNS 플랫폼의 '스토리' 기능에서 따온 거다. 누군가의 근황을 확인하는 데 잘 지내냐는 인사 한마디 없이도 클릭 한 번이면 되는 기능이다. 24시간이면 사라지는 그런 근황에 '스토리'라는 이름이 붙고, 그런 관계를 모두 '친구'로 통칭해버린다. 우리들의 이야기와 관계는 나날이 손쉬워지고 있다.

어째 편리해질수록 톡포비아 증세는 악화된다. 카톡의 편리함이 오히려 '톡talk'의 지분을 점점 앗아간다. 관심 들여 대화해야 할 수 있던 것을 너무 쉽게 알려주니까 말이다. 안부를 묻고, 표정과 몸짓으로도 마음을 전하고, 공감을 표현하는 대화의 너무 많은 기능을 메신저 플랫폼에 외주를 줘버렸다. 웃음과 감사의 뜻은 이모티콘이 탬버린으로 엉덩이도 때려주거나 헤드스핀이나 프리즈 같은 고난도 비보잉 춤까지 춰주며 대신해준다. 이모티콘으로도 부족하면 '짤'을 보내는데, 다른 브라우저로 들어가지 않아도 카톡방에서 바로 샵 검색 기능을 이용해 보낼 수 있다. 친구가 꼭 읽어보라며 전송한 기사에는 읽지 않고도 '맘찍(답장 없이 메시지에 반응만 남길 수 있는 기능)'으로 간단히 공감한다. 피곤할 때 전자레인지에 돌려 간단히 끼니를 때우는 3분 카레처럼, 대화의 레토르트 버전 같달까. ① 손가락으로 메시지를 누른다. ② 하트·따봉·체크·웃음·놀람·슬픔 반응 중에 고른다. ③ 원하는 반응을 선택한다. ④ 1초만에 따끈따끈한 감정 완성! 한 번 엎질러진 표현이라도 다시 깔끔히 주울 수 있답니다!

이런 와중에 그렇게 외주를 준 대화조차 인플레이션 현상이 생긴다. 이모티콘이야 다들 쓰니까 이모티콘 두 개쯤 쓰는 건 디폴트가 되어버렸고, 진정성을 증명하려면 항상 그보다 좀 더 써야 하기 때문이다. 카카오톡 기본 이모티콘 말고, 따로 구매한 이모티콘을 써준다. 구매한 이모티콘이더라도 특정 이모티콘만 계속 쓰면 영혼 없어 보이니 골고루 다채롭게 보내야 한다. 괜히 이모티콘 무제한 구독 서비스가 생긴 게 아닐 거다. 이 구독 서비스는 카톡 메시지 창에 문자를 입력할 때마다 이모티콘으로 변환해주는 기능까지 갖췄다. 어떤 이모티콘을 써야 하는지까지 알고리즘이 대신 골라준다. 어쩌다 카카오톡 기본 이모티콘을 쓴다 하더라도 바구니에서 하트를 쏟는 라이언처럼 첫째, 둘째 줄에 있는 걸 쓰면 성의 없어 보인다. 스크롤을 아래 내리는 노력이 추가된, 주먹 탁 치며 오케이 손동작+윙크를 하는 네오 캐릭터 정돈 써줘야 한다. 표정 없는 대화에는 거품이 잔뜩 끼어 있다.

아무리 상대방이 졸귀 이모티콘을 많이 붙이고 'ㅋㅋㅋ ㅋㅋㅋㅋ'를 몇 줄씩 꽉꽉 채워 보내더라도 상대방이 '현웃(현실 웃음)' 중인지는 불확실하다. 화상 회의의 집중력이 떨어지는 구조와 비슷하다. 상반신엔 정장 재킷을 걸치면서 하반신은 곰돌이 무늬 수면 바지를 입고 있거나, 잠시 기침하는 척 고개를 화면 바깥으로 빼 몰래 빵을 씹어 먹거나, 화상 회의 화면은 띄워두고 그 옆에 유튜브 창을 켜 감상하는 경험을 다들 한 번쯤 했을 것이다. 노리나 허츠는《고립의 시대》에서 메신저로 주고받는 대화의 불온전성에 대해 지적한 바 있다. "이메일과 문자는 오해를 배양하는 페트리 접시와도 같다. 미네소타대에서 실시한 2016년 연구에서 사람들은 동일한 이모지를 보고 네 번 중에 한 번은 그 의미를 전혀 다르게 해석해 서로를 오해했다. (중략) 심지어 문자화된 감정 가운데 가장 알아보기 쉬운 분노조차도 정밀하게 파악하기 어려웠는데, 이는 친한 친구 사이의 대화에서도 마찬가지였다."[1] 물론 대화라는 행위 자체는 필연적으로 오해할 수밖에 없는 행위다. 하지만 메신저 대화의 핵심 문제는 그저 오해할 여지가 더 많아서라기보다 책임감을 묽히는 데 있다. 책임감responsibility은 상대의 부름에 응답respond할 수 있는 능력ability이다. 카페에서 마주 보고 앉은 상대가 나에게 요즘 어떻게 지냈냐고 물었을 때 단 1분 동안이라도 대답하지 않을 수 있을까? 우리는 점점 무책임해지고 있다.

## 밥 먹고 화장실 갈 시간이 있긴 한데…

이 글을 쓰려고 인터넷 커뮤니티를 돌아보다가 최근 늘어나고 있는 톡포비아에 대한 게시글을 봤다.

> 회사 점심시간에 나온 주제였는데, 뭔가 요즘 별다른 용건 없이 계속 쭉 이어지는 일상 톡 나누기를 힘들어하는 사람들이 많아짐. 카톡을 계속하고 있는 게 쉬는 시간을 방해한다고 생각하는 사람들도 많아진 듯.
> └ 어쩌다 한번 시간 내서 전화하거나 약속해서 만나는 건

1   노리나 허츠, 홍정인 옮김, 《고립의 시대》, 웅진하우스, 2021, 162쪽.

괜찮은데 톡으로는 하루 종일 대화하는 기분?

└쉬는 시간 방해받는 기분이 듦.

└카카오 주식은 있는데 카톡은 앱도 안 깔았다.


아무리 바빠도 화장실 오갈 때나 식사 때, 유튜브 볼 시간 대신에 카톡 대화를 충분히 나눌 수 있다. 하지만 톡포비아는 단지 물리적 시간이 부족해서 생기는 현상이 아니다. 일종의 마비 상태다. 카톡을 몰아 읽고 답장하는 시간도 그래서 단지 비는 시간이 아니다. 업무 중에 잠시 짬이 나는 시간을 쓴다. 사적인 대화가 업무의 일부가 되어버린 것이다. 내 데일리 투두리스트에는 '카톡 답장하기'가 있다. 하지만 반전 없이 '뉴스레터 읽기'처럼 다음 날로 미뤄지기 일쑤다.

카톡은 사적인 대화뿐 아니라 삶의 전반적인 영역까지 점령했다. 카톡 앱을 사용하는 건 온라인 역세권에 사는 기분이랄까. 이제 카톡 없는 삶을 상상하기 어렵다. 요즘은 직장에서 퇴근해도 또 다른 벌이로 활동하는 일에 또다시 출근해야 하고, 그러면 다시, 카톡이다. 사무실, 은행과 언론사, 관공서, 택시 정거장, 온갖 물건과 서비스를 취급하는 매장까지 빼곡하다. 핀테크**fin tech**(금융 서비스와 정보 기술(IT)

이 융합된 서비스 혹은 산업)니 뭐니, 기업들은 서로서로 더 거리를 좁히지 못해 안달이 나 있다. 카카오가 하도 문어발식으로 사업을 확장하니까, "카카오가 나중엔 상조 회사까지 차릴 것 같다. 그럼 나는 어피치 유골함에 담기고 싶다"라는 얘기가 괜히 나오는 게 아니다. 그 매장들이 빼곡한 빌딩에는 커다란 광고 전광판이 24시간 돌아가고 있다. 카톡 없이 살 수 없는 건 기업들도 매한가지다. 거기엔 대화해야 하는 '방'들이 빼곡하다. 역세권 청년주택의 4평짜리 방마다 지인들이 있어서, 매번 오르내리며 말을 해야 하는 기분이다. 그리고 그 사이사이 할인 쿠폰을 받기 위해 어쩔 수 없이 채널을 추가한 브랜드들의 프로모션 카톡방에도 들러줘야만 한다. 벌써 숨이 찬다. 톡포비아는 단지 퇴근 후 '연결되지 않을 권리'만 보장한다고 끝나는 문제가 아니다.

"언어는 존재의 집이다"라는 독일 철학자 마르틴 하이데거의 명명은 유명하다. 언어란 단지 뜻을 전달하기 위한 수단이 아니라, 세계를 보고 겪는 방식 자체이기도 하다는 통찰이다. 그런 존재의 집이 점점 홈오피스로 변하고, 광고 전단지들이 쌓이고 있다. 대화의 프롤레타리아 처지다. 물론 메시지를 전하는 수단은 역사적으로 계속 발명돼왔다. 먼 옛적의 봉화나 전보부터 우편, 전화, 이메일, 문자, 카톡

같은 메신저 플랫폼까지. 하지만 카톡엔 과거의 메신저들과 질적으로 다른 포인트가 있다. 메시지 자체가 돈이라는 것. 카톡이 없어진다면 실직할 노동자들, 매출이 반토막 날 기업들이 널려 있다. 카톡을 통해 실시간으로 연결돼 노동을 지시받고 노동하는 사람들, 카톡을 통해 광고하고 소비를 추천하는 기업들 말이다. 최근에 카톡은 기존에 주고받은 메시지, 사진, 파일, 링크 등을 무제한으로 저장할 수 있는 기능을 구독 서비스로 전환했다. 넷플릭스 CEO 리드 헤이스팅스가 "우리는 수면과 경쟁하고 있다"[2]라고 했듯, 카톡의 최대 경쟁자는 진정한 대화 시간이 아닐까? 역사상 우리가 동시에 이렇게 많은 사람과 문어발식으로 연결돼 대화하게 된 적은 없었다. 콘센트 과열 상태에서 대화의 진정성 농도가 짙어질수록 거의 폭발하거나 퓨즈가 끊어지기 직전이 될 것이다. 그래서 애인과 통화할 때 예전에는 "지금 누구랑 있어?"라고 물었다면, 요즘에는 "지금 스피커폰이야?(설마 게임하거나 딴짓하는 건 아니지?)"라고 추궁하게 됐다.

더 심각한 건 카톡이 경제뿐 아니라 권력과 권리의 장소가 되었다는 점이다. 하루라도 카톡 앱을 쓰지 않으면 학교,

2    Peter Kafka, 〈Amazon? HBO? Netflix thinks its real competitor is... sleep〉, 《Vox》, 2017.04.17., https://www.vox.com/2017/4/17/15334122/netflix-sleep-competitor-amazon-hbo

직장에서 정상적인 사회생활이 불가능하다. 거의 전기나 수도에 맞먹는 필수재다. 그런데 아직도 카카오가 공기업이 아니라니. 카톡 감옥에 갇혀 사이버불링을 당해도 차단하거나 단지 다른 앱을 쓰는 방식으로 해결하기 어려운 이유다.

콜포비아나 톡포비아를 호소하는 사람들은 대부분 젊은 세대로 지목된다. 그것은 단지 면대면 대화를 꺼리거나 사회화가 덜 된 미숙한 탓이라기보다, 메신저 플랫폼을 통해 초연결 노동과 갑질, 폭력에 더 쉽게 노출되는 청년의 현실과도 이어진 문제다.

## 연결되지 않을 권리를 넘어 대화할 권리로

플랫폼에 (아직까지) 외주 줄 수 없는 대화의 기능이라면 침묵이 아닐까. 침묵은 단지 답장을 기다리는 상태와 달라서 플랫폼에서 구현하기 어려워 보인다. 침묵은 서로의 말을 곱씹는 시간을 주고받는 대화의 일종이다. 침묵해도 어색하지 않은 사이란 그만큼 대화의 맥락이 많이 쌓인 관계다. 메시지 플랫폼들이 상대가 메시지를 읽었는지, 입력 중인지, 실시간으로 접속 중인지, 몇 분 전에 접속했는지까지 알려준다는 건 플랫폼 내에서 이뤄지는 대화의 맥락이 그만큼 얄팍하다는 반증이다. 미세먼지처럼 온갖 푸시 알림, 뉴스, 이모티콘, '좋아요'가 떠돌아다니는 와중에 침묵의 공간을 지킬 방법은 무엇일까.

'오디오가 비지 않는다'는 말은 요즘의 관용어다. 유튜브 시대의 신조어다. 동영상 콘텐츠를 만들 때 말에 공백이 없어 시청자의 관심을 지속적으로 붙들어둘 수 있다는 뜻이기도 하다. 이런 대화는 효율성 차원에서 누군가에게 보여주기 위한 콘텐츠, 비즈니스 커뮤니케이션에서는 유용하다. 하지만 우리가 깊숙이 연결되기 위해 나누는 대화에서는 침묵 같은 비생산성, 단지 '안읽씹'이 아닌 기다림으로서 존중하는 만답慢答 같은 쓸모없음이 소중하다. 그러기 위해서는 관계의 맥락이 비지 않아야 할 텐데 말이다. 퇴근 후 업무 연락을 금지하며 퇴근 후 회사에 연결되지 않을 권리를 보장하는 프랑스의 '엘 콤리El Khomri'법 같은 제도의 도입만으로는 현대인의 '넵병'[3]을 치료할 수 없다. 단지 연결되지 않을 권리가 아니라 '대화할 권리'로 확장해서 생각해야 할 것이다.

---

3  메신저상에서 '을'이 '갑'에게 대답할 때 자꾸 '넵'을 쓰게 되는 현상. 급여체(회사 급여를 받는 직장인의 말투)의 일종이다.

**나를 위로해줄 대안 종교의 시대가**

**도래했노라**

"나는 '인성'이 없어서 사람들한테 부탁을 잘 못 하는 편이야."

"난 차라리 그게 부러워. 인성 과다인 게 더 힘든 거 같거든."

"너는 '천간'에 '상관'이 있고, 그게 '지지'에 잘 통근하고 있어서 계속 예술 쪽으로 가면 잘 풀릴 듯."

"근데 옆에 글자랑 '충'하고 있어서 쉽지 않은 거 같아."


누군가는 위 대화를 보고 뭔 소린가 싶겠지만, 또 다른 누군가는 무슨 말인지 이해하고 끄덕일 거다. 인성印性(인간성이 아니다), 천간天干, 상관傷官, 통근通根 이런 게 다 사주 주요 개념이다. 나는 이런 말들을 주고받는 지인 카톡방이 세 개 있다. 이건 일부 사주 마니아들뿐 아니라 이 시대

또래들이 우리가 누구인지, 자신의 이야기는 어떻게 그려
질지 이야기하는 언어이다.

사주, 그러니까 내가 태어난 연월일시를 닳도록 보고
또 봤다. 언제쯤 먹고 살 걱정 안 하고 살 수 있을지, 프리
랜서 작가로 인정 좀 받을지, 이번에 면접을 본 회사에 합
격할지, 애인은 언제쯤 생길지, 생긴다면 어디서 만날지,
나에게 도화살 같은 매력이 있는지 알고 싶어서였다. 또
내 친구랑 내가 케미가 잘 맞는지, 옆자리 직장 동료는 왜
그런 식으로 말하고 행동하는지 좀체 알 수 없어서 타인
들의 사주도 뻔질나게 들여다봤다.

'21세기에 살면서 사주를 본다고?' 원래는 이렇게 생각
하는 쪽이었다. 이런 오만함(?)이 깨진 건 대학교 때 연애
가 망하면서였다. 처음에는 친구들에게 내 신세에 대해 하
소연도 했다가, 깡소주도 마셨다가,《연애 교과서》,《시크
릿 레시피: 새콤달콤 맛있는 연애의 기술》,《미친 연애》같
은 연애 계발서에서 호되게 독자를 혼쭐내는 조언들을 읽
었다가…. 이 모든 노력들에 질릴 무렵이었다. 우연히 홍대
서교동 사거리 쪽 골목길을 걷다가 "연애 운 봐드립니다"
라는 큼지막한 배너가 운명처럼 눈에 띈 거였다.

입구에 드리워진 보라색 반짝이 발을 헤치고 매장에 들

어가고 난 다음에는, 잘 기억이 안 난다. 그저 내가 힘든 건 원래 그렇게 정해져 있었다는 풀이에 위안을 받은 마음만 기억난다. 그때부터 홀린 듯 혜화역이나 인사동의 노포 점집을 찾아다니며 사주를 봤다. 슬슬 상담비가 부담이 될 무렵엔 사주 집에서 주워들었던 사주 개념들을 구글링하거나 도서관에서 역학 관련 도서들을 읽으며 사주 체계를 섭렵했다. 연애를 포함해 성격·관계·학업·일 등 삶 전반에 대해 이렇게 홀리게 설명해주는 틀은 그때까지 접한 적이 없었다. 보편적인 성격이나 심리적 특징을 자신만의 고유한 특성으로 착각한다는 '바넘 효과Barnum effect' 를 감안해도 그랬다. 바넘이 19세기 말 미국의 곡예단에서 사람들의 성격을 그렇게 기가 막히게 맞히던 작자로 유명했다던데, 아무리 두루뭉술하게 말한다 하더라도 아무나 사람을 홀리지 못한다. 그만큼 사람을 보는 눈이 받쳐줘야 심리학 용어로까지 박제되는 것일 텐데, 사주도 이렇게 전승되어온 덴 만만치 않은 구석이 있다. 특히 사주에 믿음을 배팅하지 않을 수 없었던 건, 구체적으로 몇 년도부터 운이 풀릴지 인생 스포일러를 제공해줘서다.

이제 이런 입장이 됐다. '21세기에 살면서 사주를 안 본다고?', '사주를 그저 미신 취급하다니 대체로 살면서 큰 불안에 시달린 적이 없군'이라고 생각하는 쪽.

## 대안 종교 칵테일의 시대

요즘 '-리단길' 이름이 붙은 거리로 나가보면 다른 업종들은 망하길 반복하는 와중에 성황 중인 가게들이 있다. 인생네컷(혹은 포토이즘), 그리고 사주·타로집이다. 서울 홍대가 '젊음의 상징'이라면, 연남동이나 망원, 상수동 일대의 블록마다 자리 잡고 있는 사주·타로도 젊음의 상징이다. 이 젊은이들은 주머니에도 점집 하나쯤은 휴대하고 다닌다. 스마트폰 앱 '헬로우봇', '점신', '포스텔러'를 설치해두거나 유튜브 채널 '타로묘묘'의 '8월 종합 운세'를 시청하며 복채는 '좋아요'와 '구독'으로 낸다. 그리고 사주나 타로를 봐주는 상담사·유튜브 크리에이터들도 MZ세대가 상당수이고, 실력도 수준급이다. 온라인 강의 플랫폼 '클래스101'에도 사주·타로를 주제로 클래스를 연 강사들의 얼굴들은 앳되다. 나는 데이트 앱에서 MBTI처럼 자기가 사주로 무슨 기운인지 적어둔 사람도 봤었다(기운이 문제가 아니었다).

시대를 예감하는 힙스터들은 이보다 몇 년 앞서 운세에 빠져 있었다. 대표 힙스터인 신승은과 이랑은 운세 이야기를 작품 소재로 썼다.

> 난 원래 이런 말들은/ 재미라고 생각하는데/ 심리학을 공부했었고/ 휘둘린 적이 없는데/ 집으로 오자마자 눈물이 줄줄 났어
>
> -신승은, 노래 〈올해의 운세〉 중에서

> (등장인물들의 체질을 만족시키는 저녁 메뉴를 정하는 중에) 저는 신축辛丑 체질, 혜성 씨 갑자甲子 체질
>
> -이랑, 웹시트콤 〈집단과 지성〉

이런 또래들은 글로벌하게 많다. 조금만 서치해도 이런 증거를 긁어모을 수 있다. 특히 미국과 유럽에서는 점성술이 인기다. 점성술은 태어난 시간으로 운명을 점친다는 점에서 사주와 비슷한 세계관이다. 영국의 리서치 기업 유고브YouGov의 2022년 보고서에 따르면, 30세 이하 미국인의 3명 중 1명은 점성술을 믿는다.[1] 미국의 비즈니스 리서치 기업 이비스월드IBISWorld의 2021년 보고서는

---

1  Taylor Orth, 〈One in four Americans say they believe in astrology〉, YouGovAmerica, 2022.04.27., https://today.yougov.com/topics/entertainment/articles-reports/2022/04/26/one-four-americans-say-they-believe-astrology

미국 내 점성술과 손금, 타로 읽기 등의 초능력 서비스 산업psychic services industry이 2016년부터 2021년까지 5년간 약 22억 달러를 거둬들였을 것이라 바라봤다[2]. 관련 신조어도 여럿 생겼다. 주술occult과 문화culture의 합성어인 '오컬쳐occulture'와 '점성술 세대astrology generation'가 대표적이다. 미국의 광고 회사 원더맨 톰슨Wunderman Thompson은 2016년에 트렌드 보고서로 〈비현실Unreality〉을 발표하기도 했다.

특히 독일 작가 올리버 예게스가 말한 '대안 종교 칵테일'이라는 표현이 재미있다. 그는 《결정장애 세대》에서 이렇게 설명했다. "우리 세대는 기존 종교에 등을 돌리는 대신, 각자 자기만의 종교를 '배합'하고 있다. 배합 재료는 대개 루돌프 슈타이너의 사상, 이슬람 신비주의의 일종인 수피즘, 중세 유대교의 신비주의인 카발라, 힌두교, 불교 등이다. 여기에서 약간, 저기에서 약간, 그렇게 내용물을 덜어서 잘 섞으면, 짜잔! 혼돈과 밀림 속 21세기로부터 나를 지켜주고 마음의 평화를 안겨줄 약물이 탄생한다."[3]

2   IBISWolrd, 〈Psychic Services Industry in the US〉, IBISWorld, 2021.04.09., https://www.ibisworld.com/united-states/market-research-reports/psychic-services-industry/

3   올리버 예게스, 강희진 옮김, 《결정장애 세대》, 미래의창, 2014, 20쪽.

예게스에 따르면, 내가 21세기를 버티기 위해 매일 삼키는 약물은 '사주 한 컵에 점성술 한 스푼, 타로 한 닢, 에니어그램(9가지 성격 유형 이론) 한 꼬집'이다(실제 알코올을 마시는 것도 포함이다).

## 사주와 신점은 K-심리상담 아닌가요

"나라에서 우리한테 재난지원금 비슷하게 매달 5만 원씩 지급해야 돼."

"아니면 시마다 공공 무당을 고용하든가."

내 사주 메이트와 사주에 과몰입한 나머지, 이런 우스갯소리까지 나왔다. 머리에 힘줘도 꼭 달마다 견디기 힘든 일이 생기거나, 딱히 무슨 일이 없더라도 그냥 불안할 때면 점을 치고 싶은데 상담 한 번에 5만 원은 써야 하기 때문이다. 그만큼 쓸 여유가 없어서 대개 강제로 아모르파티amor fati(운명에 대한 사랑)'를 실천하거나, 셀프로 점을 친다. 사주 메이트와 나는 같은 대학교의 서로 다른 단과대 행정실에서 일한 적이 있는데, 점심시간마다 학교 건물의 휴게 공간에서 만나 타로를 봤다. 그때 한창 우리가 점쳤던 주제는 '실업급여 수령 운'이었다. 그 학교의 산

학협력단은 행정실 계약직원과 우선 1년 계약 후 추가로 1년을 연장할 수 있다는 내용으로 계약서를 쓰게 했다. 그즈음 친구는 1년 계약만료를 앞두고 퇴사를 계획 중이었는데, 이게 자발적 퇴사로 처리될지 계약만료 퇴사로 처리될지 너무 불투명했다. 인터넷에서 찾아보니 같은 문제에 대해 노무사마다 의견이 달랐는데, 종합하면 결국 산학협력단 '재량'의 영역이었다. 더 이상 근무를 지속하기도 힘들고, 그만두었을 때 경제적 대안도 불확실한 상황에서 기댈 건 타로뿐이었던 거다. 이외에도 우리는 퇴사 운, 행복주택 당첨 운을 함께 점치며 불안을 나눴다.

나는 이런 뚜렷한 고민 없이도 만성적인 불안감을 달래기 위해 수시로 사주 앱을 켠다. 우리의 불안은 나노 단위다. '점신' 앱에서는 해마다, 달마다, 일마다를 넘어 '오후 운세', '시간대별 운세'를 알려준다. '포스텔러' 앱에서는 식사 메뉴, 오늘의 매력 온도, 카톡을 보낼지 말지, 사과할지 말지, 누가 내 SNS를 염탐하는지, 코로나19 예방접종 길일이 언제일지, 투표를 언제 하면 좋을지, 심지어 내가 '꼰대'인지 아닌지에 대해서도 알려준다.

지역별 사주 상담가 혹은 무당이 등록된 사이트 '우리 동네점집'에선 애동제자나 선녀들이 프로필에 '#우울증'

을 걸어두고 있다. 심리 상담의 영역을 '미신'이 커버해주고 있는 것이다. 사주나 신점은 K-심리 상담이라고도 불린다. 물론 학문적 기반을 둔 심리 상담과 비의적祕儀的 세계관인 사주 상담을 같이 묶을 수 없다. 하지만 우선 심리 상담은 최소 1시간짜리 상담을 10회기 진행해야 한다. 그리고 상담사는 대부분 그저 들어준다. 물론 중간중간 생각의 물꼬를 틔워주는 질문을 던져주지만, 소극적인 개입을 지향한다. 그 과정을 통해 관련 없어 보이는 사건이나 경험들끼리의 연결 지점들을 찾고, 무의식을 끌어내고, 나와 대면하고…. 의미 있지만 인생이 힘든 사람은 그런 과정을 착실히 따를 만한 참을성이 있지 않은 법이다. 공공 기관에서 무료로 지원받지 않으면(보통 이런 지원 제도는 인당 1회로 제한돼 있고, 공공 상담사에게 선생님이야말로 잘 지내고 계시냐고 묻고 싶을 정도로 다크서클이 짙다) 한 회기당 비용도 5만원이 훌쩍 넘는다. 하지만 사주나 신점은? 라포 형성할 시간 따위 낭비하지 않고 날 보자마자 내 인생에 대해 단정 지어주고, 장점과 단점을 적절히 섞어 짚어주며 단짠단짠 고자극 재미를 선사해주며, 맛대가리없고 안 예쁜 알약 대신 구체적으로 몇 년도부터 풀릴지 약속해준다. 다소 부적절한 구석이 있지만, 인생이 나쁘게 흘러가는 상황에는 나쁜 방법도 적절한 법이다.

## 대안 종교의 치유 기법

대안 종교 특유의 치유 기법(?)은 특히 요즘 같은 시대에 잘 먹힐 수밖에 없다. 연결감의 회복이다. "병신丙申 일주日柱 최대 아웃풋은 강동원이지." 사주 해석 콘텐츠에서 빠지지 않는 주제가 나와 기본 사주가 같은 유명인이 누구인지다. 나와 같은 병신일주인 유명인으로는 샤이니 키, 타블로, 한서희, 김정은 등이 있다. 이들 유명인들은 나와 눈코입이 있다는 것 외에 어떤 닮은 점도 없지만, 우주의 기운으로는 봤을 땐 같이 묶이는 거다. 연예인들의 소식에 따라 내 앞의 삶이 어떻게 펼쳐질지 대략적인 이정표를 가늠해본다(샤이니 키가 새 프로그램에 출연하네? 나도 새로운 매체에서 원고 청탁을 받는 게 아닐까?). 이걸 물·불·흙·나무·돌 같은 자연환경과 원숭이·토끼 같은 동물이라는 알레고리로 연결 짓는 것도 인류세anthropocene(인류가 지구 환경에 큰 영향을 미친 시점부터의 지질 시대를 뜻하는 제안된 개념)시대의 현대인들에게 소구하는 포인트다.

미국 인류학 교수 사비나 마글리오코Sabina Magliocco는 사회적 격변기에 오컬트에 대한 관심이 되살아나는 경향이 있다고 설명한다. 서구에서 제1차 세계대전 후 전투에서 아버지·아들·형제를 잃은 유가족들은 이들과 연결되기 위해 영매를 찾았고, 1960~1970년대에는 제2물결 페미니즘의 부상, 민권 투쟁·반反문화의 확산과 함께 뉴에이지New age 운동이 탄생했다는 것이다.[4]

오늘날 대안 종교의 융성은 어떤 격변의 토양 위에 있는 것일까? MZ세대의 또 다른 이름은 N포세대다(우리나라만의 용어이긴 하지만, 그 의미는 전 세계 MZ에게 통한다). 포기의 목록에는 대표적으로(가부장 중심적인) '연애, 취직, 내 집 마련, 결혼, 출산'이 꼽힌다. 이 항목들은 정상 생애주기의 이정표이기도 했다. 과거에는 이런 통과의례를 거쳐 '어른'이라는 사회의 일원이 되었는데 지금은 그럴 기회를 자발적이든 비자발적이든 갖지 않는 것이 일반적이다. 성장에 관한 전통적인 내러티브가 희미해져가고 비혼 공동체를 꾸리는 소식이 더 들려오고 있지만, 제도와 정치, 문화는 아직 간극이 크다. 하지만 대안 종교는 개인 맞춤형으로

---

**4** Deanna Pan, 〈'Looking for a little magic': Millennials and Gen Z embrace witchy, New Age spiritualism〉,《The Boston Globe》, 2019.10.30., https://www.bostonglobe.com/lifestyle/2019/10/30/millennials-and-gen-embrace-witchy-new-age-spiritualism/ojetIu5fYahXu4dxa2IF6I/story.html

삶의 이정표를 제시해준다. 사주로 따지면 이런 식이다. "임인년壬寅年부터 금수金水 시대가 저물고, 목화木火시대 가 시작되면서 이렇게 따듯한 기운이 부족했던 사람들은 잘 풀릴 거다(점성술적으로도 비슷한 시기에 흙의 시기에서 바람의 시대로 바뀌었다)", "고난을 뜻하는 편관偏官운이 청년기에 있 으니 결국 대기만성형으로 중년부터 잘 될 것이다." 좀처 럼 이해할 수 없는 일에는 질서를 부여해준다. "신약身弱 한 화 기운인데 나의 힘을 빼앗아가는 금 기운 가득한 곳 에 이사하면서 일들이 안 풀리기 시작한 거다." 그리고 금 기운에 맞설 힘을 얻기 위해 목 기운이 담긴 몬스테라 하 나쯤 사는 건 저렴한 처방이 된다.

또 지그문트 바우만이나 울리히 벡 같은 세계의 사회학 선생님들은 일찍이 현대인에게는 '정체성'과 '자기 발견' 이 중요한 화두라고 입을 모았다. 공동체를 대체하거나 공동체의 소멸로 인한 공백을 메워야 하는 과제를 떠안 게 됐다는 것이다. '자신을 아는 일'이 과거에는 누구의 엄 마·아내·딸이라는 공동체 내 역할을 통해 가능했다면, 소 속은 물론 관계와 감정까지 좀체 확신하기 어려운 지금은 개인의 몫이 되었기 때문이다. 현대인들은 자신의 정체성 을 스스로 여러 선택 상황 속에서 만들어가고, 또 바꾸어야 하는 위험을 감수하는 중이다. 특히 혈연 중심주의가 공고한 우리 사회에서는, 오히려 혈연관계 내 부여된 역할이 맞지 않는 구성원이 다수인데도 관련 제도나 인식만 공고하다는 점에서 더욱 정체성 불안이나 괴리를 겪고 있다. 여기에 대안 종교는 아주 적절한 대안이 된다.

최근에 이런 리스크를 대신 감수해준 덕분에 인기를 얻은 게 '심리테스트 마케팅'이었다. 클릭 몇 번이면 나를 야자수 같은 식물이나 해리포터 등장인물, 아이돌 포지션, 명품 브랜드, 과자, 심지어 독립운동가라는 갖가지 정체성으로 알려줬기 때문이다. 그래서 '과학 사주'라는 네모난 동그라미 같은 네이밍의 테스트도 인기를 얻었다. '유전 MBTI'라고도 불리는 과학 사주는 가계부 앱 '뱅크 샐러드'에서 제공하는 유전자 검사 서비스다. '조상님이 들어주는 봉(근력 운동 적합성)'처럼 유전자 정보를 토대로 선천적인 건강 상태를 알려준다고 한다.

자기소개서를 쓸 때 MBTI나 신한생명 사이트에서 제공하는 무료 사주 풀이를 활용하라는 건 SNS에서 알음알음 공유되는 팁이다. MBTI와 사주, 점성술, 수비학, 에니어그램 등은 우리가 누구인지 잘 설명하는 틀로 신뢰받고 있는 것이다. 사주로 예를 들자면, '만물을 비추는 태양으로서 사람들에게 기쁨을 주는 사람'이라는 두괄식 서술법과 적절한 비유법, '예의가 바르지만 간혹 지나치게 사람들을 의식할 때가 있다'는 장점과 약점의 서술은 훌륭한 자소서 작법과 맞닿아 있다. 요즘 소설이나 극작법을 가르쳐주는 책이나 강의에서도 '한계는 있지만…'이라는 말을 붙이며 인물을 창작할 때 대안 종교 활용을 권한다. 특정 MBTI 유형의 지원을 받지 않는다는 채용 공고까지 등장해 MBTI '뇌절(똑같은 말이나 행동을 집착적으로 반복해 상대를 질리게 하는 것) 그만'이라는 얘기도 있지만, 이 정도로 범용성이 있고 재미있고 쉬운 설명 틀이 딱히 없으니 먹히질 않는 비판이다.

## 치유 비즈니스

《페미니스트 라이프스타일》의 문화인류학 김현미 교수의 지적처럼 '치유 비즈니스'에 붙잡혀 사주, 타로, 점성술 상담을 전전하며 소비하는 시장이 있다. 치유 비즈니스는 불안을 다채롭게 상품화한다. 다음은 앱 '포스텔러'에서 '솔로'를 주제로 한 운세 상품을 모아본 것이다.

· 두근두근 썸 타로 솔로 애정 운

· 솔로 탈출하기 제일 좋은 달

· 타로가 알려주는 짝사랑 공략법

· 3개월 내에 나에게 다가올 썸은 누구일까?

· 나의 다음 연애 상대는 어떤 사람일까?

· 앞으로 100일, 나에게 시그널 보낼 사람은?

· 나의 연인이 나타나면 어떻게 알아볼까?

· 나를 몰래 생각하는 사람은 누구일까?

· 자만추 VS. 인만추 연애 운

· 6카드 타로 사랑의 비법

시기별, 기간별, 그도 아니면 '설렘 가득', '인연의 발견'이라는 수식어를 달리하며 다양하게 '뽕을 뽑으려' 하고 있다. 그리고 그 옆에는 결혼정보회사 광고 배너로 '맞춤 광고' 수익까지 얻고 있다. 나도 여기에 고급 한정식 상차림 가격에 맞먹는 돈 써봐서 호구가 되는 심정을 설명할 수 있는데, 몇 줄짜리 운세 콘텐츠 불안을 다독일 수 없으니 다른 콘텐츠를 보면 좀 다른 얘기가 나올까 싶어 결재하게 되더라. 때로는 아예 '설렘'도 없는 사람들을 대상으로 욕망을 '제작'해 주기도 한다. 심지어 상대방의 연애 세포를 깨울 수도, 혹은 아예 전생의 인연, '붉은 실로 이어진' 운명의 상대까지 '발굴'해낼 수도 있다. 김현미 교수는 이런 치유 비즈니스에 갇히는 사람은 대체로 여성이라고 말한다. 왜일까?

## K-사주와 바티칸 사이

나는 고등학교 때까지 성당을 다녔고 세례명도 있지만, 냉담[5]한 지 오래다. 나는 그리고 또래들은 왜 기존 전통 종교를 두고 대안 종교에 빠졌을까? 2022년 1월, 프란치스코 교황이 "아이 대신 동물을 키우는 것은 이기적"이라고 했다는 기사에 한 트위터리안이 이렇게 트윗했다. "K-사주는 이미 자식 운에 반려동물도 카운트해주고 있는데 뒤떨어졌군."

전통 종교가 우리들에게 권위를 잃은 이유를 적절히 설명해주는 문장이기도 하다. 내가 고등학교 때 성당을 다니지 않게 된 건 철학과 지망 친구가 나에게 신의 존재 증명을 끈질기게 요구한 탓도 있지만, 결정적인 이유는 '노잼'이었다. 무슨 일이 있어도 가정의 가치는 소중하다거나 모든 일에는 다 하느님의 뜻이 담겨 있다는 말이 한 시

---

5  세례는 받았으나 종교 활동에는 적극적이지 않은 신자를 가리키는 가톨릭 용어.

간 넘게 반복 재생되던, 미사 중 '신부님 말씀'은 학교 조회 시간 중 '교장님 훈화 말씀'처럼 고강도 듣기 노동을 필요로 했다. 또 성당은 성별 이분법이 뚜렷한 공간이었다. 남성 신도와 여성 신도가 나눠 앉고, 여성 신도는 미사포(미사 등 공식 전례 때 세례를 받은 여성 신자들이 쓰는 머릿수건)[6]를 머리에 쓰고 조신히 앉아 있어야 했다. 무릎 위 기장의 치마나 스키니진을 입으면 성당 어르신들에게 한 소리 들어야 했다. 그때는 페미니즘이니 뭐니 몰랐을 때였는데도 그런 분위기가 갑갑했다.

반면 대안 종교는 말의 권위를 독점한 제사장도, 일방적으로 견뎌야 하는 교리 말씀도, 무비판적으로 수용해야 하는 진리도 없다.[7] 또, 스스로를 SBNRspiritual but not

---

6  성당에서 남성의 머리는 하느님을 상징하지만, 여성의 머리는 남성의 머리를 상징한다는 이유로 여자만 미사포를 쓴다.

7  물론 사주가 가톨릭교회에 대한 '대안 종교'라고 부르기엔 다소 어폐가 있다. 이창익 교수는 《조선시대 달력의 변천과 세시의례》(창비, 2013)에서 '구원의 종교'와 '성화의 종교'를 구별한다. "시간 점술과 공간 점술이 그려내는 종교는 (중략) 초월을 향해 끊임없이 노력함으로써 이 세계의 구조와 속박을 벗어나고자 하는 '구원의 종교(religion of salvation)'가 아니라, 현재의 세계질서를 찬미하고 현세계의 유지와 회복을 목표로 하는 '성화의 종교(religion of sanctification)'인 것이다."(26쪽) 하지만 두 가지 모두 이 세계를 운용하는 초월적인 세계를 전제한다는 점에서, 이 글에서는 지금 시대의 사주, 점성술, 타로 등을 대안 종교라고 정의하고자 한다.

**religious**(영적이지만 종교적이지는 않은 유형)이라고 분류하는 사람들도 늘고 있다.[8] 소수자들이 마음대로 자신만의 교리와 진리를 배합할 수 있는 대안 종교 칵테일을 애용하는 이유일 것이다. "너는 아들이지만 치마를 두르고 태어났다"라며 퀴어 정체성을 (부분적으로나마) 인정하거나, 성 소수자 전용 연애 운을 진지하게 들여다보는 곳도 대안 종교 커뮤니티다. 독일 학자 테오도어 아도르노는 1953년에 점성술이 "더 이상 자신이 운명의 자기 결정적 주체라고 생각하지 않는 사람들"에게 호소력이 있다고 말했다. 아도르노가 '주체'일 수 있는 특권이 있는 사람, 즉 백인-중산층-시스젠더 헤테로-비장애인-남성이니까 할 수 있는 소리다.

"여자 팔자는 뒤웅박 팔자"라는, 뒤웅박으로 이마빡을 빡 때려야 하는 말이 있다. 뒤웅박은 곡식이나 씨앗을 담는 바가지인데, 부잣집에선 쌀같이 귀한 것을 담고, 가난한 집에선 여물 같은 것을 담아두었다고 한다. 그 안에 든 물건에 따라 뒤웅박의 가치도 달라진다는 데서, 여성이 어디에 시집을 가느냐에 따라 삶이 크게 달라진다는 표

---

8   김환영, 〈비종교인의 증가와 기독교에서의 '차이나 파워'〉, 《10년 후 세상》, 청림출판, 2012.

현이다. 물론 지금이야 뒤웅박이란 단어를 모르는 사람이 더 많고, 여성이 집 안에만 묶인 존재도 아니고 비혼을 지향하는 시대다. 하지만 여전히 여성의 삶은 유리 천장, 유리 벽에 둘러싸여 있다. 주어진 운명을 적극적으로 해설해보고 싶다는 욕망은 K-사주의 주된 향유자가 여성을 포함한 소수자들인 배경일 것이다.

## 털, 진흙, 먼지

이영도의 SF 소설집 《별뜨기에 관하여》의 단편 〈별뜨기에 관하여〉는 초광속 우주선이 개발되고, 다른 외계 종족과 교류하고 커뮤니케이션까지 하는 것이 자연스러운 먼 미래에도 점성학자가 존재한다는 설정이다. 점성학자가 산모에게 특정한 좌표를 제공하면, 그 산모가 초광속 우주선을 타고 그 좌표에 가서 아이를 낳아 그 아이가 길한 운수를 타고 태어나도록 할 수 있는 미래다. 우리가 스마트폰으로 알고리즘을 통해 오늘의 운세를 보듯이, 점을 치고자 하는 열망은 과학 기술이 아무리 발전해도, 아니 오히려 오히려 과학 기술의 발전이 그 열망에 힘을 실어주기도 한다. 그리고 그때도 《운명, 논리로 풀다》유의 콘텐츠야말로 '미신 팔이'를 통해 돈을 벌고 있을 것이다.

"어떤 현상을 미신이라고 명명하자마자, 우리는 그 현상의 의미를 더 이상 묻지 않을 자유를 획득한다"[9]라는 말처럼, 지금 시대의 대안 종교들을 두고 비논리적이라고 치부하는 건 그 마법에 더욱 생명력을 불어넣을 뿐이다.

유진 새커는 《이 행성의 먼지 속에서》에서 "마법의 장소는 한마디로 세계의 숨음이 역설적 방식으로 나타나는 곳이다"[10]라고 했다. 한 예시로, 지금은 그 마력을 잃은 혈액형 성격 분류법이 IMF 이후 세계의 숨음이 나타난 대안 종교라고 본다. 'A형 : 내성적이고 성실함 / B형 : 외향적이고 활달함 / AB : 가치관이 뚜렷하고 이해타산적 / O형 : 추진력이 강하고 리더십 탁월'[11]이라는 설명 방식을 보면, 모두 노동자에 대한 캐릭터 묘사라는 걸 알 수 있다. 평생직장이라는 개념이 사라지면서, 동료와 지속적으로 신뢰 관계를 맺기 어려워지는 와중에 상대가 누구인지 빠르고 단순하게 분류하는 설명은 모두에게 안정감을 주었을 테니까 말이다.

9   이창익, 《조선시대 달력의 변천과 세시의례》, 창비, 2013, 111쪽.

10   유진 새커, 김태한 옮김, 《이 행성의 먼지 속에서》, 필로소픽, 2022, 122쪽.

11   노원명, 〈혈액형과 잘못된 편견〉, 《매일경제》, 2008.06.06., https://www.mk.co.kr/news/it/view/2008/06/360912/

새커는 같은 책에서 이렇게 말했다. "공포 장르가 하는 일은, 세계가 늘 우리에-대한-세계라는 철학적 탐구의 전제를 정조준하고 이러한 맹점을 자신의 핵심 관심사로 만드는 것이다. 그리고 이러한 맹점을 추상적 개념이 아니라, 안개, 점액, 얼룩, 질척거리는 물질, 구름, 분뇨 등의 형태를 한 온갖 믿기 어려운 생명이 나오는 우화집으로, 혹은 플라톤의 말처럼 '털hair, 진흙mud, 먼지dirt'로 표현하는 것이다."[12]

우리 사회로 따지자면 저 털, 진흙, 먼지가 ABO, MBTI, 목화토금수木火土金水로 변천해왔을 것이다. 이제 나의 관심사는 이렇다. 대안 종교를 세속적인 불안과 욕망뿐 아니라 털, 진흙, 먼지처럼 사소하고 비천한 존재를 긍정하는 세계관으로서 사유할 수 있을까?

12   유진 새커, 김태한 옮김, 《이 행성의 먼지 속에서》, 필로소픽, 2022, 19쪽.

우리의 욕망은 끝이 없고

같은 실수를 반복하지

카페 아르바이트가 끝났다. 빠른 걸음으로 근처 지하철 화장실로 향한다. 좁고 지린내 나는 화장실 칸 안에서 군데군데 커피 가루와 시럽이 묻은 옷을 벗어버리고 미리 쇼핑백에 담아둔 원피스로 갈아입는다. 화장실 거울 앞에서 틴트를 바르고 향수도 뿌린다. 다른 여자 같다. 몇 분 전까지만 해도 다른 사람의 주문에 따라 말하고 움직이는 엔피시**NPC**(온라인 게임에서 사용자가 직접 조종할 수 없는 캐릭터)였다가, 이제는 내 욕망을 맘껏 들끓여내고 있다는 간극이 아찔하다. 지하철을 타고 가면서는 베이퍼웨이브st 플레이리스트를 들으며 곧 만날 그의 프로필 사진을 다시 살핀다. 인스타그램 계정도 검색해본다. 중간중간 정거장에서 승차하는 남자들을 흘끔 본다. 어딘가 익숙하고 지루한 얼굴들이다. 내릴 정거장에 도착한다. 논현 사거리를 가로지르며 골목마다 담배 연기와 섞인 조말론 향수 냄새를 맡는다. 망사 스타킹 다리들을 지나친다. 터뜨린 웃음소리와 꼬부라진 외국말이 들린다. 싸구려 위스키 두어 샷쯤 목구멍에 털어낸 것 같다.

그해의 초봄이었다. 연초에 두어 장 쓰다가 서랍에 박아둔 다이어리를 꺼내 달력에 적어 정리해야 할 정도로, 데이트 앱에서 매칭된 남자들과 만나고 다녔던 시기. 어느 날은 점심-오후-저녁 연이어 약속을 잡기도 했다. 길을 걸으며 데이트 앱을 구경하다 전봇대와 부딪힐 뻔하거나(MSG 친 거 아니고 진짜였다), 앱에서 남자들의 프로필을 하루 종일 넘기다 보니 "내 주변의 새로운 이성이 없습니다"라는 플랫폼 안내 문구를 보기까지 했다.

"나는 자만추(자연스러운 만남 추구)라고." 한 연애가 망하고, 지인이 '세상에 남자는 많다'며 처음 데이트 앱을 권했을 때만 해도 손사래를 쳤었다. 소개팅도 너무 인위적이라고 생각했는데 앱을 통한 만남이라니, 그렇게 가볍고 위험한 짓을? 무엇보다 자존심 구기는 일 같았다. '그런 거, 주변에서 만날 기회가 없어서 앱을 설치해서라도 연애를 해야만 할 정도로 절박하게 외로운 사람들의 소굴 아냐?'

하지만 그건 내 소개였다. 차여서 구겨진 자존심은 시간이 갈수록 더 꼬깃꼬깃해졌다. 나는 나를 찬 애의 인스타그램과 피드는 물론, 그 게시물에 댓글을 단 여자들의 계정을 염탐하고(되게 친한가 보네…. 그리고 되게 예쁘네), 혼자 그 사람 카카오톡 계정을 차단했다가(나랑 헤어졌으면 내 게시물 볼 권리는 없다고) 풀기를(이번에 셀카 좀 잘 나왔는데 보고 후회 좀 해보시지) 반복하고, 유튜브의 재회 운 타로 콘텐츠들을 돌려보고 있었다(물론 재회 가능성이 있다는 메시지만 확증편향해서). 새벽 2시에 "자니?"라는 카톡을 보내고 읽씹을 당할 용기는 없었다. 그러니까 날이 갈수록 찌질해지고 있었다. 결국 그 지인에게 물었다. 그래서, 그거 어떻게 하는 거라고요?

## 자만추에서 인만추로

"이거 엄청 간단한데, 상대 프로필을 화면에 손가락을 댄 채로 왼쪽이나 오른쪽으로 밀기만 하면 돼요. 이걸 '스와이프swipe 한다'라고 하는데요, 이렇게 이상한 남자는 왼쪽으로 밀어버려. 그럼 다음 남자가 나와. 맘에 들면 오른쪽으로 밀어. 그런데 그 상대도 내 프로필을 오른쪽으로 스와이프하면 매칭이 돼요. 그럼 그때부터 서로 메시지를 보낼 수 있거든요? 얘기 좀 하다가 괜찮다 싶으면 언제 만날지 정하면 끝이에요. 직접 해보실래요?"

데이트 앱을 처음 시작할 땐 프로필 하나하나를 너무 진지하게 들여다봤다. 그러다가 손을 헛디뎌서 체인 목걸이에 거대 잠자리 눈 선글라스를 낀 남자 프로필을 오른쪽으로 스와이프하는 바람에 "으악!" 소리도 질렀다가(절대 너 같은 놈에게 호감이 있지 않다고!), 계속 넘길수록 더 귀엽거나 잘생긴 남자들이 드물지만 나오길래 스와이프하는 속도가 빨라졌다. 금세, 이건 지인 주선으로 소개받은 사람의 카카오톡 프로필 보듯 살펴선 안 된다는 걸 체득했다. 허위 매물도 많았지만 프로필을 최대한 많이 구경해야 최선에 근접한 선택을 할 수 있었기 때문이다. 단 몇 시간 만에 나도 데이트 앱을 소개해준 친구처럼 1초에 2~3명의 프로필을 판단하고 스와이프할 줄 알게 됐다.

남자들이 프로필에 적어둔 "틴더만 스쳐도 인연입니다", "밤꽃엔딩" 따위의 문구들을 보며 낄낄거렸다. "관악구 근처 삽니다"라고만 쓴 남자, 의사 가운을 걸친 모습을 올린 남자(셀카는 맨 마지막 페이지에 가서야 옆모습만 겨우 나왔다), 롤렉스 시계를 찬 손목으로 벤츠 로고의 핸들을 잡은 남자, "15센티미터, 휴지심" 두 단어만 내건 남자, 가벼운 만

남은 사절이고 결혼까지 생각할 여자 분만 자신을 선택해 달라는 남자, 소스도 뿌리지 않은 퍽퍽한 닭가슴살 식단과 비싼 PT 프로그램을 들여 애지중지 만들었을 복근을 깐 남자, 인생 영화와 책과 음악으로 〈명량〉과 《총, 균, 쇠》와 밴드 '시거렛 애프터 섹스Cigarettes After Sex'를 적어둔 남자, 무해함을 어필하려는 듯 반려견을 프로필 맨 앞단에 내세운 남자, 어디서 여자들이 힘줄에 섹시함을 느낀다는 건 주워들어서 손의 푸른 힘줄을 필터 앱으로 강조하느라 손등이 에일리언처럼 초록색으로 변한 남자, 가다실 접종을 인증한 남자…. 그 뻔한 속내를 구경하는 게 재밌었다. 가장 짜릿했던 건 손가락만 까딱하면 오른쪽으로 스와이프할지, 왼쪽으로 스와이프할지 평가하는 권력 감정이었다.

또 이거 하난 확실했다. 구남친에 대해 미련 뚝뚝, 질척거리는 마음을 계속 스와이프하는 거.

## 이성적으로 이성을 고르기

데이트 앱이 맘에 들었던 건 이성적으로 이성을 고를 수 있단 점이었다. 클럽에서처럼 현란한 사이키 조명과 온몸을 울려대는 스피커 음량, (소금이나 레몬 슬라이스는 없는)

무료 제공 테킬라 샷이 개구리를 왕자로 둔갑시켜 그들과 왕왕 입을 맞출 일이 없었다. 반면 데이트 앱은 여자 화장실 앞에서 하염없이 순서를 기다리지도 않으면서 프로필을 잘 뜯어볼 수 있도록 디자인된 UI**user interface**(시각적 디자인), 다른 남자들과 최대한 비교 분석할 수 있도록 설계된 UX**user experience**(사용자 경험), 지인들의 크로스체킹을 받을 수 있는 '친구에게 보여주기' 기능으로 개구리와 왕자를 혼동하지 않을 명확한 판단력을 마련해줬다. 또 춤을 추느라 무릎이 쑤시거나, 몸 어딘가에 멍이 들거나, 기껏 신경 써서 끼고 갔던 액세서리들을 잃어버리거나, 이태원 사거리에서 택시가 잡히지 않아 발을 동동 구르거나, 번진 화장과 떡 진 머리로 첫차를 타거나, 며칠 동안 머리칼에 밴 담배 연기 쩐 내를 맡을 일이 없었다. 또 소개팅처럼 주선자 눈치를 보지 않아도 됐다. 내 구애의 몸짓이 목격당하지 않도록 연락처에 등록된 '지인 100퍼센트 차단'을 보장하는 데이트 앱은 만남의 신대륙 같았다. 그런데 내가 오른쪽으로 스와이프해둔 남자들의 목록을 보더니, 지인은 나에게 한 소리를 했다. "눈이 발에 달리셨나요…? 우리 님이 너무 아까워. 다시 골라봐요. 제가 봐줄게."

그때까지만 해도 남자를 볼 때 외모는 그리 중요치 않았다. 내가 남자에 끌리는 주요 조건은 시기마다 달랐다. 당시엔 몰랐지만, 그 조건엔 때마다의 결핍과 환상들이 투사돼 있었다. 고등학교나 대학교 저학년 때에는 배울 수 있는 사람을 이상형으로 꼽았다. 그런 사람이란 선생님, 복학생 선배, 같은 아르바이트를 하던 오빠, 교수들처럼 나보다 나이가 훌쩍 많은 대상들이었다. 그들이 그저 나보다 몇 년 더 사느라 자연스럽게 확보한 지식들, 그들 옆에 섰을 때 얻으리라 착각한 또래 사이에서의 권위와 보호감 같은 거였다. 하지만 금방 시간이 흘러 그들과 같은 나이가 되고, 스스로 글을 쓰는 사람이 되면서 내가 그들에게서 봤던 것이 얼마나 시시한지 알게 된다. 페미니스트로 정체화하고 나서는 페미니스트로 각성한 참한 '유니콘남'을 찾았다. 가부장 중심주의 세상에 대한 미칠 듯한 분노를 이해하고 나를 여자가 아닌 사람으로 봐줄 사람 말이다. 하지만 페미니스트를 자칭하거나 심지어 "'한남'이어서 죄송합니다"라고 말하는 남자로부터 성희롱과 더욱 교묘한 여성혐오를 겪고선 말 그대로 상상 속 동물임을 깨달았다. 또 무언가 세상을 특별히 감각하는 아우라로 둘러싸여 보이던 예술남도 마찬가지였다. #문단_내_

성폭력 고발 운동을 통해 '예술을 위해서 탈선을 해야 한다'는 빌미로 성폭력을 가해왔던 예술남들의 추한 자아를 보며 그런 환상에 대한 거품을 모두 꺼트릴 수 있었다. 그러고 보니 나에게 남는 기준이란 외모였다. 꽤 낭만적인 조건이라 맘에 들었다. "얼굴 뜯어먹고 살 거냐"라는 말처럼 당장 쓸모 있는 조건은 아니니까.

또 그즈음 여성에게 강요되는 획일화된 꾸밈에서 자유로워지자는 '탈코르셋 운동'과 맞물려 '영앤리치 톨앤핸섬young&rich, tall&handsome'이라는 밈이 생겼다. 그간 여성의 가치가 외모로만 대상화됐던 처지를 미러링하는 의도였다. 무조건적인 데이트 비용 '더치페이' 요구에 대한 미러링 용어인 '더치 페이스(외모 수준 맞추기)'도 비슷한 맥락에서 나왔다. 남성은 '못생겨도 되는 자유'가 있기 때문이다. 그러니까 나이에 구애받지 않고 사회적 지위·경제적 능력·문화적 자본·재치 있는 성격·외모 등 매력의 다양성이 인정될 뿐 아니라 그런 매력을 발휘할 기회도 열린 반면, 여성은 주로 '젊고 예쁜'이라는 매력만 인정되기 때문이다. 게다가 대체로 이 조건은 남성의 능력을 입증할 트로피가 된다. 아래에서 자세히 얘기하겠지만, 데이트 앱들의 매칭 전략이 각색각양이어도 공통된 게 이 지점이었다. 남성 이용자에게 요구하는 조건은 학력·외모·자산·직업 등 다양했지만, 여성 이용자에겐 필수적으로 단 하나, 프로필 사진뿐이라는 거.

한편으로 외모는 편리한 욕망 같았다. 복잡하게 재고 따질 필요 없이 그냥 한눈에 측정과 입증 가능한 조건처럼 보였기 때문이다. 콩깍지가 벗겨진 다음에야 '왕자가 아니라 못생긴 개구리를 만났었다니!'라고 후회할 일이 없어 보였다. 헤어지고 나서 '그래도 걔 얼굴 하난 봐줄 만했지'라고 회상할 수 있으니까. 그런데 외모라는 것도 그리 간단한 조건이 아니라는 걸, 난 또 내 머리를 직접 깨고 나서야 깨닫게 된다.

## 자존감 앱

'자존감 앱'은 데이트 앱의 별칭이다. 데이트 앱을 해본 여자들은 이게 뭔 말인지 알 거다. 몰라도 그냥 가입하고 1분도 안 되어서 체감할 수 있다. 그 자존감이란 건 쏟아지는 남성들의 '좋아요' 세례다. 그땐 그냥 여자이기만 하면 아묻따 호감 표시를 보낸 경우가 대다수라는 걸 알아도 마냥 싫지 않았다. 또 (도용을 감안하더라도) 만나보기 어려웠던 모델, 배우, DJ, 래퍼들과도 매칭됐다. 기존 내 인간관계 망과 매력 자원에 견줘 '관심 가성비'가 상당했다. 평소에는 이런 남자들을 만나거나 말 걸기는 물론, 선택을 받기도 어려웠으니까. 푸시 알림이 울릴 때마다 앱을 켰다. "59명의 사람들에게 인기가 폭발하고 있어요"라는 멘트가 떠 있다. 앱은 점증법 마케팅을 구사하여 그 (허수가 대다수인) 인원을 갈수록 60명대, 70명대, 80명대로 늘렸고 그건 나에게 먹혔다. 그렇게 자존감이 자존감을, 만남이 만남을 불렀다.

또 데이트 앱은 욕망의 구석구석을 다양하게 공략하는 것 같았다. 데이트 앱은 이렇게 말하는 것 같았달까. "별로 맘에 드는 놈이 없어? 그러면 외국인은 어때? 아님 심리 테스트로 성격인 비슷한 애를 소개시켜줄 수 있어. 물론 성격이 정반대인 애도! 네가 뭘 좋아할지 몰라서 다 준비해봤어. 아니, 네가 미처 좋아할 줄 몰랐던 남자들까지 다 준비돼 있어." 이렇게 데이트 앱마다 내세우는 매칭 포인트가 얼마나 다양하던지. 'SKY' 대학교 출신 여부, 좋은 차(1억 5000만 원 이상의 슈퍼 카나 업체 내규에 따른 수입차) 소유나 좋은 집(강남·서초·송파구 아파트 거주, 네이버 부동산 시세 기준 20억 이상) 거주 여부, 기독교인 전용, 이혼남녀 전용, 외모 수준, MBTI 맞춤, (여자만 먼저 말을 걸 수 있는) 여성 친화적인 시스템, 앱 매니저가 직접 상대를 검증해 중매해주는 시스템, 목소리나 손글씨를 보낼 수 있는 낭만 시스템…. 애초에 가입 자격이 되지 않던 몇몇 앱들을 제외하고는 필드 워크 **field work** 나선다는 생각으로 전부 설치해서 이용해봤다.

그런데 그렇게 많은 선택지 사이에서 신중히 고르고 골랐던 남자들은 대부분 아무리 조건이 완벽해도 막상 만나면 그냥 그랬다. 완벽한 조건의 남자들은 나를 찼던 그 사람과 비교를 불러냈다. 날카로운 눈빛이라면 그 사람의 얼빵한 표정을, 하얗고 고른 치열이었다면 그 사람이 골치 아파하던 교정기를, 하얗고 길게 뻗은 손이라면 그 사람의 뭉툭한 손을 떠올리게 했다. 골 아팠던 건 더욱 보고 싶은 게 후자였다는 점이었다.

## 친밀성, 좀 차가우면 어때

사실 이런 사태를 어느 정도는 예감했다. 이미 사랑 사회학의 대가 에바 일루즈 선생님이 《감정 자본주의》에서 데이트 앱을 통한 만남은 '차가운 친밀성cold intimacy'이라고 설명한 파트를 읽었기 때문이다. 차가운 친밀성이란 열정적이고 낭만적이었던 사적인 관계가 자본주의 사회에서 계량하고 측정하고 효율적으로 관리하는 성격으로 변모했다는 걸 설명하는 개념이다. 이 차가운 친밀성은 데이트 앱에서 극단적으로 드러나는데, 데이트 앱 중에 쇼핑 앱의 '오늘의 핫딜'처럼 '오늘의 이성'을 알려주는 기능이 도입돼 있는 게 그 예시다. 쇼핑 사이트에서 상품을 고르듯 상대를 아는 과정이 끌리는 것에 앞서고, 이렇게 고를 수 있는 파트너가 끊임없이 주어지고, 그래서 언제든 보다 나은 조건의 파트너가 있다면 교체 가능하기 때문이다.

하지만 내가 애초에 바란 게 그 시원함이었다. 꼭 모든 만남이 열정적이고 끈적거려야만 하나? 더구나 남성을 더 이상 동료 시민으로서도 신뢰하기 어려워졌는데 말이다. 그즈음 확산된 4B(비혼·비출산·비연애·비섹스) 운동도 남성과 성애를 기반으로 맺는 관계가 얼마나 불평등하고 폭력적이었는지 간파한 여성들의 목소리였고, 나도 그 목소리의 일부였다. 독박 육아와 독박 가사라는 구조적 불평등에 대한 이야기 없이 강요되는 결혼과 출산 문제, 남자친구의 기를 죽이지 않도록 너무 똑똑한 티를 내지 않고 꾸밈 코르셋을 조여야 하는 여자다움에의 부담감, 데이트 폭력과 얽힌 연애 문제, 사정 중심주의와 임신중절의 부담을 일방적으로 져야 하는 섹스 문제, 그리고 이 모든 논의에 비가시화되어 있는 퀴어한 관계들까지. 그래서 그간 남성과의 관계에서 성적 쾌락, 로맨스, 우정을 하나로 뭉쳐버려 찾았던 것을 얼린 뒤 조각조각 분리해내, 그저 즐길 만한 부분만 취하리라 결심했다. 다시 말해, 그냥 즐기는 '주체'가 되어보고 싶었다. 여성은 사랑해야만 섹스할 수 있다든가, 외로워서 잔다든가 하는 모든 말들이 지겨웠다. 혹은 이런 이유를 붙여두지 않으면 대신 '걸레'라는 낙인이 붙는 것도.

하지만 얼마 안 가 그저 즐기는 것조차 가장 정치적인 문제라는 걸 곧 알게 됐다. 즐기더라도, 그게 즐거움과 오히려 거리가 멀다는 것도. 이건 예상치 못하게도 나의 새로운 이성 고르기 기준인 '외모' 때문에 처음 눈치채게 됐다. 데이트앱을 지방에서 돌릴 때보다 서울에서 돌릴 때 훈남이 많다고 느껴지고, 앱에 뜨는 외국인 프로필의 대부분이 백인밖에 없다는 걸 인지하게 됐을 때부터.

## 깻잎 논쟁과 자만추

요즘 시대의 외모는 그저 미적 취향의 차원이 아니라 일루즈 선생님의 말처럼 '에로스 자본erotic capital'이다. 특히 이 에로스 자본은 소비 자본주의와 밀접하게 연루되어 어떤 옷을 입고 어떻게 연출했는지 등 '시각적인 것'에 편중돼 있다. 그러니까 나는 남자들의 외모에서 단지 외모만 보고 있지 않았다. '잘생겼다'를 다시 번역하면 이렇다. 'PT를 주기적으로 받고, 식단을 하고, 명품 혹은 하이엔드 브랜드의 옷이나 아이템을 갖추고 바버샵(미용실이라 부르면 큰일 난다)엘 가고, 아트페어 포스터가 걸린 방이나 독특한 아우라의 여행지(대부분 유럽이다)를 배경 삼아 프로필을 찍을 만한 자본이 있다.' 그러니까 이제 외모는 단지 생물학적인 게 아니라 '뜯어먹을 거'가 많은, 아주 속물적인 기준이다. 우리 사회를 휩쓴 깻잎 논쟁도 이 문제와 연결돼 있다. 깻잎 논쟁은 나-애인-친구가 있는데 친구가 깻잎 장아찌를 젓가락으로 한 장만 떼느라 애먹고 있을 때 애인이 잘 떼도록 잡아주는 걸 허용하냐, 마느냐를 따지는 논쟁이다. 비슷하게 새우 논쟁(애인이 친구에게 새우 껍질을 발라줘도 되느냐, 마느냐), 패딩 논쟁(애인이 친구의 패딩 지퍼를 올려줘도 되느냐, 마느냐), 블루투스 논쟁(애인의 차 블루투스에 친구 스마트폰이 연결돼 있어도 괜찮냐, 아니냐) 등 여러 논쟁이 파생됐지만 정답은 나오지 않았다. 나 역시 이 논쟁을 종결하진 못해도, 왜 이런 논쟁이 번지는지는 알 것 같다. 우리 시대의 사랑에 섹시함이 갈수록 유일한 조건이 되어가고 있는 상황 탓이다. 일루즈 말마따나 어느 고향과 학교, 누구의 자식, 어느 회사의 어떤 직급인지가 나를 설명하는 데 비중이 컸던 시대라면 파트너를 고려할 때 그래도 어른들에게 얼마나 예의바른지, 근검절약한지, 사람 됨됨이가 어떤지가 섹시함에 비해 그리 뒤지지 않는 요소였을 것이다. 하지만 이제 '자고 만남 추구'라는 말이 나올 정도로 섹시함이 압도적인 파트너 선택 기준이 된 사회에선, 아무리 십년지기 우정이나 사랑이더라도 하룻밤만에 배신당할 수 있을 만큼 취약해졌다. 무례해도 섹시할 수 있고, 아니 오히려 무례하기에 섹시할 수 있기 때문이다. 다시 말해 사랑과 의리 모두 깻잎 한 장에도 떼어질 만큼 위태로워졌다. 깻잎논쟁에서 중요한 전제조건이 '나보다 예쁘냐'는 말도 이런 맥락에 놓여 있다. 애인이 떼주어도 상관없다는 사람들의 상당수는 (물론 관계의 고유한 맥락을 촘촘히 쌓은 이들도 있겠지만) 파트너를 학교나 직장을 통해서 만나 '겹지인'이 많아 '보는 눈'이 많기에 섹시함이라는 조건의 영향을 덜 받는 보험이 있거나, 혹은 스스로가 너무도 섹시하기에 웬만한 타인의 섹시함에 위협받지 않을 수 있다는 자신 때문일 것이다.

우리 사회의 새로운 종족, '남미새(남자에 미친 새끼)'의 출현도 마찬가지다(여자에 미친 '여미새'는 맥락이 조금 다르므로 여기서는 논외다). 우정이나 직장 내 관계보다 이성애 관계에 더 우선순위를 둬도 크게 손해 볼 일이 없거나 심지어 이득이어서다. 여성이 얼마나 섹시한지가 얼마나 가치 있는 사람이냐는 문제와 구별하기 어렵게 되고, 고용 불안정이 점점 심화되어 조직보다 개인을 우선시 해야 되는 사회니까. 기존 친밀성의 생태계를 교란하는 남미새는 이렇게 친밀성의 기후가 점점 저온·건조해지는 환경에 적응한 따름이다. 서로를 호시탐탐 성적인 존재로 대하지 않는 남사친, 여사친은 멸종 위기일 수밖에 없다.

너무 차가워도 화상을 입을 수 있다는 걸 나중에야 알았다. 그 차가움의 온도를 계속 낮추는 냉매의 성분이 소비 자본주의와 화학 결합된 섹시함이라는 것도. 그 온도를 올리는 방법을 고민하기보다 그저 에로스 자본을 껴입으려 애썼다는 것도(잘생긴 사람을 '선택'하려면 그만큼 예쁜 프로필 이미지를 만들어야 한다). 애초에 잘생김이든 뭐든, 그 자체만으로 나의 욕망과 쾌락을 구원해줄 리 없었다! 그렇게 자기 욕망에 고민이 없어 보이는 남자들이야말로 쾌락에서 소외된 존재들이라는 걸 알았는데도 말이다.

# 나의 욕망은 앞으로도 비슷한 실수를 반복할 것이다

이 글의 원래 마무리는 이랬다. "내가 데이트 앱에서 빠져나올 수 있던 힘은 외로움에 대한 '코어'를 조금 키워낸 다음이었다. 아득바득 취미들을 만들어내고, 하루 7시간 수면과 세끼 식사를 잘 챙겨 먹고, 주변 사람들과 대화하는 시간을 늘렸다. (중략) 데이트 앱 광고는 지하철 역 스크린도어에, 뉴스 기사 배너에, SNS 피드에 널려 있다. 불면이 다시 잦아질 때, 연결하는 데가 데이트 앱이 아니면 좋겠다."

지금 다시 보니 너무 안전하기 위해 애쓴 결론이다. 내가 데이트 앱에 중독됐던 건 외로웠던 시기였기 때문이었고, 그 외로움을 어느 정도 극복했기에 더 이상 데이트 앱 같은 건 하지 않게 되었다는 선 긋기니까. 이 꼭지는 가장 마지막까지 미완이었다. 내 욕망의 경로를 어디까지 드러내야 할까? 어디까지가 흉하지 않을까? 주제넘지 않을까? 내 욕망은 여전히 주제넘는데. 데이트 앱 업체들이 우리의 외로움을 볼모로 수익을 얻고 있고 정치권은 방관하고 있긴 하다. 신자유주의 시대에 개인의 사랑이 실패할 수밖에 없다는 해석틀에도 내 서사는 그럴 듯하게 끼워 맞춰진다.

그렇지만, 왜 욕망은 늘 이런 식으로 매듭지어져야 했을까? 내 욕망은 번번이 검열되었고 나 자신조차 해석하려들기 바빴다. 데이트 앱이라는 플랫폼은 문제적이나 결국 핵심은 아니다. 나는 내 욕망이 제멋대로 들끓고 주제넘게 굴도록 둬보고 싶다. 때로, 나는 계속 다양한 방식으로 외로울 것이고 나의 친밀성은 대체로 너무 차갑거나 후덥지근하거나 미세먼지와 모래바람이 몰아칠 것이다. 인정욕구와 성욕을 뒤섞거나, 별 볼 일 없는 남자 때문에 눈치를 충분히 붙잡지 못하고 남미새의 깃털을 삐죽 내보이거나, 잘생긴 사람에 넋이 나가거나, 그러다 또 혼자 식어버리거나, 퀴어한 욕망을 발견하거나, "자니?"라고 문자를 보냈다가 씹히거나, 하여튼 같은 실수를 몇 번이고 반복하거나…. 와중에 사랑의 순간을 잠시 겪어보기를 바랄 뿐이다. 그랬거나 그러고 있는 여자들의 이야기를 더 들어보고 싶을 뿐이다. 그렇게 몸을 기울이다 문득 전혀 낯선 세계에 도달하면 잠시 어색해하다가, 옆의 다른 존재들과 함께 기꺼이 크게 숨을 들이쉬리라.

# 외로움

#중독

#사회

〈한겨레21〉에 '좋아요 사회' 기획 기사들을 쓰고 출간을 미룬 지 2년이 지났다. 그간 인스타그램은 너무 빠르게 변했다. 페이스북은 인스타그램을 인수했고 메타meta로 사명을 변경했다. 내 글은 다시 읽자니 텁텁할 정도로 유통기한이 한참 지나 있었다. 그새 인스타그램에선 사용자의 취향에 맞는 상품들을 구경하고 그중 마음에 드는 제품을 갈무리해둘 수 있는 쇼핑 탭 기능이 생겼고, 클릭하면 그저 보거나 메시지만 보낼 수 있던 스토리에도 '좋아요'를 누를 수 있게 됐고, DM 탭에는 모두를 향해 혼잣말하듯 쓴 글을 게시할 수 있는 노트 기능이 마련됐다. 미국 언어학자 그레천 매컬러가 《인터넷 때문에》에서 "기술에 관한 글을 쓸 때는 늘 어느 시점에 이 책이 매우 낡은 것이 될 것이며 내가 불가피하게 다루지 못한 영역이 아주 많다며 사과하고 싶은 충동이 든다"[1]라고 말한 것처럼, 이 글을 읽을 시점에 또 추가된 기능을 사용하고 있을 독자에게 양해의 말씀을 올린다.

무엇보다 인스타그램에서 관심 한밑천을 벌어 헬조선을 뜨겠다던 욕망이 빛바랬다. 관심은 만인이 만인의 연예인이 되어 매일 일정량을 '채굴'해야 하는 것이 되었다. 나로 따지자면 작가로서 인스타그램 계정을 방치하거나 일상 사진만 띄엄띄엄 올릴 때 '직무 유기'를 하고 있다는 기분에 시달리고 있다.

'좋아요 사회' 쓰기를 통과하고 나서는 스스로가 좀 더 성숙해졌다고 믿었다. 메타의 창시자 마크 저커버그와 그 하수인들이 세계인의 계좌를 털기 위해 온갖 심리기법을 짜내어 악랄히 설계한 알고리즘에 휩쓸리지 않고, 손톱만 한 하트 모양 따위에 연연하지 않는 식으로. 하지만 스마트폰이 없던 시대를 상상하기 어려워진 것처럼, 이제 '좋아요'가 없어진다면 전 세계는 금단증상에 시달릴 거다. 디지털 디톡스 같은 쁘띠 조언에 그치지 못하고 진지하게 '좋아요 체제'를 붕괴시키려는 주동자가 있다면 펜타

---

1 그레천 매컬러, 강동혁 옮김, 《인터넷 때문에》, 어크로스, 2022, 257쪽.

닐 덩어리들을 공항 보안 요원에게 압수당한 운반책처럼 사돈의 팔촌까지 살해 위협을 각오해야 할 것이다. 그리고 나는 플랫폼 자본주의에 대한 문제의식이 함유된 항생제에 내성이 생긴, 변종 관종이 됐다. (ʻ좋아요'가 관심 경제니 행복 이미지니 하는 구조적 차원에서 유해하긴 하지. 그런 문제들은 줄줄 읊을 순 있지만 ʻ좋아요'가 너무 좋아…. 박탈감이나 외로움쯤 내줄 수 있으니 팔로우, 좋아요, 댓글, 관심 잔뜩 줘. 더 줘!) ʻ좋아요 인간'이 되어 ʻ좋아요 사회'를 다시 쓴다.

## 관종이 아니라니, 별종이네

물론 나는 ʻ좋아요' 때문에 절벽에서 셀카를 찍다가 발을 헛디딜 뻔한 적은 없다. 하지만 퇴근 시간에 인스타그램 피드를 한참 구경하다가 문득 지하철 창에 비친 나를 마주할 때면, 삶에서 무언가 본질적이고 진실한 것들을 끊임없이 놓치고 있다는 서늘함을 느낀다. 하지만 ʻ좋아요'를 놓쳤다간 목줄이 간당할지 모른다.

내 동생은 인스타그램 이미지에 피로감을 느껴 디지털 디톡스를 결심한 적이 있다. 그런데 인스타그램 계정을 삭제하면 안 될 것 같다길래 뭐가 문제냐니까, 온라인 서포터즈 활동에 지원하고 싶은데 '개인 SNS 첨부'라는 참고 항목이 걸린다는 거였다. 자소서의 참고 항목을 '아주 뛰어난 다른 스펙이 없다면 필수사항'이라고 해석해야 한다는 건 암묵적 사실이다. 서포터즈도 마찬가지다. 표면상으로야 얼마든지 안 해도 된다. 하지만 마케팅 업계로 취직을 고려 중이었던 동생 입장에선 놓쳐선 안 되는 활동이었다.

마케팅이 아닌 업계더라도 그렇다. 언론사, 일반 사무직, 학원, 서울시 수탁기관 등 내가 일한 곳 대부분에서도 내 사적인 SNS를 회사 홍보에 써야 했다. 이런 사정은 NGO나 정치권도 비슷하다. 그래서 이제 사람들은 어느 기업이나 기관의 게시글에 달린, 대표나 임원을 제외하고 프로필 사진 없이 영혼 없는 멘트로 달린 댓글이 그 회사의 직원이거나 그의 친구라는 걸 암묵적으로 알고 있다.

프리랜서 작가 입장에서도 그렇다. 비평가 윤아랑은 〈네임드 유저의 수기〉에서 이렇게 말했다. "작가이면서 인플루언서이기. 그 목적이 자기 표현이든 자기 PR이든 상관없이, 작금의 작가란 이 역설을 피하기 어렵다. (중략) 이미 조건이다. '할 수밖에 없는' 조건."[2] 작가로서 특수한

2    윤아랑, 〈네임드 유저의 수기〉, 《한편 2호 인플루언서》, 민음사, 2020, 53쪽.

점은 홍보 목적뿐 아니라 셀프 브랜딩 차원에서도 할 수밖에 없다는 거다. 미국 저널리스트 맬컴 해리스는 《밀레니얼 선언》에서 마케팅 스타트업 CEO 샤마 하이더Shama Hyder의 말을 소개한 대목이다. "자신의 브랜드를 선택하고 인도하여 가꾸어나갈 것이냐, 아니면 자신을 대표하는 브랜드가 아무렇게나 만들어지도록 내버려둘 것이냐의 선택만 있을 뿐이다."[3] 나이키는 못 되더라도 최소한 굴림체로 상품 설명이 쓰여진 '듣보잡' 브랜드가 되지 말라는 얘기다.

그래서 나는 나의 단일한 부동산이 되었다. '미 제너레이션me generation'은 나르시시즘이 선택이 아니라 증폭해야 할 성향이 되었다는 의미다. 이 나르시시즘은 나르키소스처럼 화면에 비친 나에 무작정 빠진 상태가 아니라 마케팅과 경영 차원에서의 전략을 끊임없이 계산하는 각성 상태에 가깝다. 내 브랜드 유저 페르소나user persona[4]를 마이크로·매크로 차원에서 정의하고, 무드보드mood board[5]

---

3   맬컴 해리스, 노정태 옮김, 《밀레니얼 선언》, 생각정원, 2019, 278쪽.
4   어떤 서비스나 제품, 사이트 등을 사용하는 다양한 사용자들의 유형을 대표하는 가상의 캐릭터.
5   브랜드의 분위기를 이미지, 텍스트, 사진 등을 콜라주하여 한 보드(페이지)에 표현하는 것.

를 제작하고, 브랜드 슬로건과 키워드, 어법을 섬세히 고민해야 한다. 미리미리 '좋아요 품앗이'를 해줘야 한다. 나를 너무 내세운다는 수치심(인스타그램 유저들이 "요즘 셀카를 너무 올리는 것 같지만"이라고 덧붙이는 것에서 엿볼 수 있다), 그럼에도 생각만큼 관심을 끌지 못했을 때의 불안을 다독여야 한다. 나는 나에 대한 경영자다. 그래서 내가 게시글 업로드 주기를 지키지 못할 때마다, 사람들에게 적절한 (아이폰 이모지—분홍색 컬러의 하트 이모지를 쓰면 무성의하고 덜 힙해 보이니 피해야 한다—를 섞어 상냥하면서도 재치 있는 내용의) 댓글을 남기지 못했다고 생각할 때마다 실패한 경영자처럼 느껴진다. '좋아요'를 향한 나의 자발적 의지와 욕망으로 SNS를 하지만, 그 대가가 약속되지 않고 플랫폼 기업의 광고 수익을 위해 노동력이 착취된다는 김예란 광운대 미디어영상학부 교수의 '디지털 창의 노동'[6] 개념에 너무 공감한다. 정말, 나르시시즘과 자의식 과잉이라는 방패막 없이 이런 디지털 수고와 수치심을 어떻게 버티고 관리해낼 수 있을까?

나는 내 정신 질환이 이 시대에 재능이라고도 느낀다. 나는 ADHD와 조울증 약을 복용 중이다. 일반적인 직장

---

6  김예란, 〈디지털 창의 노동 - 젊은 세대의 노동 윤리와 주체성에 관한 한 시각〉,《한국언론정보학보》, 제69권, 2015.

에서 일할 때에는 이 질환들이 항상 이슈가 됐다. 스케줄을 관리하고, 업무 전체 체계를 그리고, 일의 순서와 맥락을 읽고, 할 일들을 꾸준히 해나가는 데 방해가 되는 증상이었기 때문이다. 하지만 관심 경제에선 유용한 쪽이다. 사람들은 관종에 눈살을 찌푸리지만 한편으로 '좋아요 시장'은 관심에 미쳐서 별난 사람을 찾기 때문이다. 디지털 바이링궐처럼 온갖 밈을 구사한다든가, 충동적으로 기획한 좌담회나 프로젝트를 30분 만에 작성해 업로드한다든가, 웃기고 자극적인 스토리를 올린다든가…. 나는 내 정신과 진료의에게 "메틸페니데이트(ADHD 치료약)와 라믹탈(조울증 치료약)을 복용하면 이런 제 강점이 사라질까요"라고 묻기도 했다. 이 약들을 삼켜서 겨우 내 뇌를 진정시키면, SNS에서 얻는 '좋아요 도파민'이 다시 내 신경 회로를 헤집어놓는 것 같았다.

그런데 이런 경제적인 이유가 아니더라도, 사회적 생존이 달린 문제이기도 하다. 나는 디지털 디톡스 실천에 성공해서 세 달간 인스타그램에 거의 접속하지 않았다가 난감해진 적이 있다. 디지털 디톡스를 깬 건 간만에 투고한 칼럼들을 홍보하기 위해서였다. 해당 소식을 피드에 올린 김에 최근 일상 사진 중에 잘 나온 것도 스토리에 올려봤다. 그리고 조금 시간이 지나고 누가 스토리를 읽었는지 확인해보는데, 누가 내 스토리에 '하트'를 눌렀다. 처음 보는 기능이었다. '그냥 읽음 표시만 남기지 않고 게시글에 적극적으로 좋다고 표현할 수 있게 하다니 새롭군' 생각했다. 그러고는 나에게 하트를 누른 사람에게 DM으로 감사 인사를 남기고 말았다. 잘 지내냐면서, 한번 보자고 약속까지 잡고, 그렇게 지인 셋을 연달아 만나고, 좋은 시간을 보냈다. 나중에야 깨달은 사실은, 이 하트가 그렇게 대단한 표현이 아니라는 거다. 카카오톡 메시지를 마무리하는 메시지에 굳이 또 마무리 메시지를 보내기엔 애매할 때 '맘찍'하는 것과 같은 수준의 표현이었던 거다. 간만에 반가운 얼굴들을 본 계기였지만 키오스크의 자동응답기가 건넨 친절한 멘트에 감사하다고 답한 사람이 된 것 같았다. 그리고 디지털 디톡스는 디지털 낙오자가 된다는 교훈을 얻었다.

이제 SNS를 하는 사람이 관종이 아니라, 안 하는 사람이 오히려 별종이다. 페이스북, 유튜브, 틱톡 중에서 하나라도 하지 않는다면 술이나 커피나 담배 중 아무것도 안 하는 사람이나 마찬가지다. 더구나 그 사람이 귀엽거나 예쁘거나 잘생겼거나 말발이 좋거나 직업이 특이하다면 대단한 금욕주의자처럼 보인다. '아, 아깝다. 저 정도면 팔로워 5만 명에 좋아요 100개쯤은 금방 땡길 텐데.'

## 셀카 '고자' 지진희와 교수 작가

'그 얼굴 그렇게 쓸 거면 이리 내…' 미중년 연예인 지진희 셀카를 볼 때마다 드는 생각이다. 지진희 셀카는 이런 식이다. 냅다 얼굴을 카메라에 들이대고, 이목구비를 그저 사건 현장의 증거 자료 다루듯 하며 연출 따위는 전혀 고려하지 않은 채, '절망 속에서도 기록을 잊지 않는 마지막 인류'처럼 모든 셀카를 같은 구도와 표정으로 찍어내기. 물론 지진희는 잘생겼고 연기도 잘하니까 이렇게 어설프게 찍은 게 오히려 귀여운 면모가 되지만, 이런 '셀카 고자' 현상은 김혜수 등 전통적 셀러브리티인 연예인들에게 흔히 발견된다.

반면 인스타그램을 보고 있자면 그렇게 절세 미녀·미남이 넘친다. 최신 필터 앱, 보정 스킬, 각종 포즈 팁을 익힌 짬바가 일반인이 더욱 빠삭하기 때문이다. 그런데 한가인은 SBS 유튜브 토크쇼 〈문명 특급〉에 출연해 아직도 메이크업을 자기가 할 줄 모른다고 했다. 전통 셀러브리티들은 자기 연출이라는 직무가 분리되어 있던 셈이다. 반면 요즘의 셀러브리티들은 자기 연출, 영업, 홍보를 모두 책임지고 있다. 나는 나에 대한 사용자이자 노동자이다.

작가라는 직업(?)으로 따지면, 전통적인 저술가인 교수나 변호사 같은 사람들은 보통 사진 찍는 실력이 형편없다. 그게 없어 보이기보다, 그만큼 신경 쓰지 않아도 믿을 구석이 있어 보여서 부럽다고 느껴지기도 한다. 이런 제도권 작가들과 한데 모인 술자리에서 내 PR 활동에 대해 소개하면, "요즘 그렇게까지 해야 한다고요?"라는 반응을 듣곤 했다. 혹은 알더라도, 스스로는 그런 노력을 딱히 하지 않거나 대충 하는 경우가 대부분이었다.

맬컴 해리스의 말처럼, 이제 마케팅 회사든, 매체든, 출판사든, 연예계든, 인턴이든 "기업들은 그저 인터넷을 뒤져 처음부터 끝까지 만들어진 완제품을 손쉽게 손에 넣고 있을 뿐이다."[7] MCN**multi channel networks**(인터넷방송 플랫폼에서 활동하는 1인 창작자들을 지원·관리하며 수익을 공유하는 사업) 회사도 성행 중이지만, 어느 정도 규모가 있는 인플루언서의 일이다. 애초에 MCN 회사에서 섭외할 때도 애초에 이미 자기 PR 능력이 어느 정도 되는 사람들을 고르는 경우가 대다수

---

7   맬컴 해리스, 노정태 옮김,《밀레니얼 선언》, 생각정원, 2019, 278쪽.

이다.

MCN 회사가 아니더라도, 우린 가족과 친구들끼리 어떤 셀카를 올림 직한지, 계정 네이밍은 어떻게 하면 좋을지, 서로 조언을 해준다. 애인이라면 힙스터 카페에 가서 수십 장씩 사진을 찍어주며 '존예' 사진을 건져줘야 한다. 사진을 얼굴만 빡 나오는 얼빡샷으로 찍거나 지치는 기색을 보여선 혼이 날 수 있다. 직무 소홀이기 때문이다. 서로가 서로에 대한 마이크로 MCN 회사다.

## 정체성 꾸미기

"우리는 바다 위를 떠다니는 플랑크톤이나 마찬가지예요. 그렇게 떠다니다가, 떨어지는 이미지에 즉각 반응할 뿐이라 생각해요." 내 인플루언서 친구 곽예인이 한 말인데, 지금 우리의 사정을 너무 잘 포착한 표현이다. 우리는 영원히 실향민 신세다. 종교, 국가, 지역, 가족 내 역할, 섹슈얼리티, 평생 직장처럼 인류가 오랫동안 뿌리내려온 정체성의 기반을 상실했기 때문이다. 이건 자유라기보다 의미의 상실이라는 고통을 주는 쪽에 가깝다고들 말한다. 이런 정체성을 개인들이 알아서 챙겨야 하는 문제가 되었다는 것이다. 현대인들은 이 문제를 대부분 소비를 통해서 해결하고 있다. 스마트하고 힙한 일잘러 정체성을 갖고 싶다면 맥북을, 보다 힙해지고 싶다면 그 본체에 스투시나 슈프림 브랜드 로고 스티커를, 친환경주의자 정체성을 달고 싶다면 '선한 영향력'을 내세우는 북극곰 캐릭터 키링을 달아주는 식으로 말이다. 그래서 MBTI의 유행과 과거의 혈액형별 성격 유형 테스트는 질적으로 다르다. B형은 그저 별난 사람이라고만 말했지만, INTP는 '논리적인 사색가'라는 정체성을 설명하기 때문이다.

그리고 이 정체성 소비의 핵심은 '이미지'다. 인스타그래머블 이미지는 단지 세련되고 특이한 비주얼이 아니라 내가 누구인지 규정해주는 역할을 한다. 인스타그램이 처음 부흥했을 때 '인생 샷' 개념이 유행했다. 인생에서 가장 잘 나온 사진 하나를 건지기 위해 사람들은 세계 각지의 사진 명당들을 찾아다녔다. 하지만 인생 샷도 낡아버렸다. '스노우', '푸디' 등 사진 보정 앱만으로는 충분치 않다. 포토이즘, 인생네컷, 바디 프로필, 개인 프로필까지 찍어줘야 하게 됐다. 이미지 기술의 상향평준화로 매일, 매 순간 인생 샷이어야 한다. 그러다 보니 패스트패션처럼 정체성도 패스트 정체성이 되어버렸다. 한 번 인스타그램에 업로드한 옷은 평생 입은 것 같아서 이내 중고마켓에 내놓고, 대부분은 남미에 수출돼 쓰레기 산의 고도를 높이는 데 보태지고 있다. 부계를 만드는 식으로 일반화된 멀티 페르소나는 단지 여러 정체성을 거느리는 게 아니라, 하나의 이미지에 내 정체성을 몰빵하는 리스크를 분산하는 보험이다. 여행지, 카페, 미술관이란 모두 거대한 포토존에 다름 아니다. 모두가 미장센 장인이고, 모두가 디테일 김·이·박이 됐다.

그래서 사람들이 찾게 된 게 '귀티'다. 예쁘고 힙한 건 너무 많아져서 범접할 수 없는 정체성인 아우라가 필요해졌기 때문이다. 4세대 아이돌 중에 추앙받는 그룹 아이브의 장원영과, 인플루언서 프리지아가 그 '귀티'의 상징이다. 프리지아가 한 프로그램에서 명품 브랜드 디올의 짝퉁 튜브 탑을 입었다고 거센 비난을 받은건 그 '귀티'를 배신했기 때문이었다.

정체성은 같은 정체성끼리는 묶고, 다른 정체성과 구별 짓는다. 그래서 힙한 이미지는 정체성일뿐 아니라 미학적 신분증이기도 하다. 힙이 터지는 카페의 입장권은 단지 연어덮밥 가격에 맞먹는 손톱만 한 까눌레 하나를 사먹을 돈(그것도 2시간 이용 시간 제한을 감안하고)만 있어서는 안

된다. 나 자체도 그 카페의 소품처럼 인스타그래머블하게 차려 입어야 한다. 연구자 심선희가 말한 '심미 노동'[8]을 해줘야 하는 것이다. 심미 노동은 노동자의 신체를 상업적으로 활용하는 노동으로 패션 매장, 바bar, 카페 같은 '스타일 시장'에서 요구된다. 노동자는 기업•브랜드를 홍보하는 '걸어다니는 광고물'로 가정된다. '말쑥한 외모, 잘 갖춰진 외양, 능숙한 언변' 등이 자격조건이 된다는 것이다. 이 노동을 수행하기는커녕 울고, 보채고, 값비싼 소품을 깨트릴 수 있는 어린이들은 '노 키즈 존'으로 입장을 제한당한다(단, 유럽 어린이라면 괜찮다).

물론 이미지 정체성과 실제 그 사람의 고유한 인격은 다른 문제다. 하지만 그건 자연스럽게 드는 게 아니라, 굳이 부러 한번 떠올려주어야 하는 생각이다.

## 진정성: 사람 냄새 킁카킁카

SNS 성공의 관건은? '사람 냄새'다. 달 표면이나 깨가 박힌 빵에서 눈코입을 곧잘 발견하는 심리처럼, 사람들은

---

8　심선희, 〈여성 노동의 새로운 분석 도구로서 심미 노동의 개념과 유용성 탐색〉, 《한국여성학》, 제33권 제4호, 2017.

항상 어디서든 사람 냄새를 맡으려 킁킁댄다. 사위가 온통 깜깜할 때 아주 멀리 있는 희미한 빛이라도 감지한다는 현상처럼, 외롭고 소외되어 있을수록 혼자가 아니라는 걸 확인하고 싶은 욕구 같다.

배우 한가인이 예능 〈문명특급〉에 출연하고, 그 영상이 조회수 300만을 찍은 건 상징적이다. 신비주의의 종언이기 때문이다. 한가인은 재재 앞에서 '비글미'를 뽐내며 '원래 이런 성격이었다'고 한다. 다만 소속사에서 예쁘고 청순한 이미지를 위해 외부에 말하는 걸 자제시켰다는 거다. '왜 이제야 출연했냐'며 아쉬움을 표현하는 댓글이 많았지만, 소속사는 그때나 지금이나 시대를 잘 파악한 것이다. 같은 아이돌이더라도 서태지와 BTS의 주요 성공 전략중 하나가 각각 신비주의와 꾸준한 소통으로 정반대인 것처럼 말이다.

《인플루언서 마케팅 A to Z》의 저자 황봄님 이사는 인스타그램 마케팅 성공의 공식을 이렇게 말했다. "일상물이 광고보다 두 배 되도록 할 것."[9] 이어서 황 이사는 마케팅 흐름이 톱다운top to down(하향식)에서 다운톱down to

9    도우리, 〈우리는 모두 관종, 그것을 이용하는 관심 경제〉, 《한겨레21》, 2020.08.02., https://h21.hani.co.kr/arti/society/society_general/49054.html

top(상향식)으로 바뀌었다고 말한다. "예를 들어, 예전에는 나이키에서 광고로 '신발 사세요' 하는 방식이었다. '스프레이-프레이spray-pray'라고, (광고) 노출 뒤 (좋은 결과를) 기도한다고 했다. 지금은 자기만의 이야기가 필요하다. 몇십억 원 들이는 광고 기획보다 몇십만 명의 평범한 사람의 이야기가 훨씬 중요해졌다. 모든 사회현상이 그렇다."[10] 그런데 이 말을 뒤집어보면, 평범한 사람들의 일상물이 몇십억 원짜리 광고 기획만큼의 값어치를 지닌다는 거다. 한 번 '인성 논란'을 겪고 이전과 같은 방식으로 활동하지 못하는 인플루언서들의 사례들을 생각해보면, 일상물에는 한 사람의 삶이 베팅돼 있는 것이다.

철학자 한병철은 《투명 사회》에서, 디지털 네트워크 공간에서의 현대인은 모든 것을 고백하고 전시하는 투명성의 실천을 통해 '진정성 있는 무언가'에 다다른다는 믿음이 있다고 지적한다. 이게 바로 과거의 광고 모델과 지금 인플루언서들의 큰 차별점이다. 인플루언서들은 존재 자체가 광고이고, 살아 있는 광고판이다. 그래서 팔로워나 구독자들은 인플루언서를 상대로 제멋대로 '배신감'을 느낀다("제가 이분 인스타 처음 시작할 때부터 지켜본 사람인데요", "그동

10    위의 글.

안 당신 때문에 별로 예뻐 보이지도 않는 굿즈 산 게 얼만지 아시나요”).

그 전에도 사람들은 연예인을 판타지 삼았지만, 인플루언서는 너무 투명한 존재가 되어버린 나머지 SNS상의 이미지가 곧 현실이라는 판타지를 짊어지게 되었다.

모순적인 것은 그 사람 냄새가 완벽해야 한다는 점이다. 'ootd'를 위해서는 목석처럼 선 채 찍기보다, 자연스러움을 강조하기 위해 '워킹 샷(걷는 모습을 찍은 사진)'이 보다 인스타프렌들리하다. 하지만 몸매와 패션과 옷매무새, 헤어와 메이크업 그리고 배경까지 완벽해야 한다. 바디 프로필처럼 완벽한 모습을 올리더라도, 중간중간 다소 흐트러진 일상 사진도 올려야 인스타그램 혹은 유튜브 주민들에게 호감을 잃지 않을 수 있다.

## '좋아요'는 좋다는 감각과 멀다

"혹시 구독자가 다 떨어져나가서 자살이라도 한 건 아니겠지…"[11]

소설집 《관종이란 말이 좀 그렇죠》에 실린 이서수 소설

11  이서수, 〈젊은 근희의 행진〉, 《관종이란 말이 좀 그렇죠》, 은행나무, 2022, 118쪽.

가의 단편 〈젊은 근희의 행진〉 속 한 대목이다. 유튜버를 시작한 주인공의 동생이 갑자기 연락이 두절되자 주인공이 실종의 원인을 추측하는 내용이다.

너무도 2020년대적인 대사다. 나도 기대에 부풀어 인스타그램 게시글을 올리고 난 후 겨우 몇 개의 '좋아요'를 회수하여 내 매력 자본의 시세가 드러났을 때, 누군가의 잘난 게시글은 항상 몇천 개의 '좋아요'를 받고 있을 때, 과거에 올렸던 셀카에 심각한 단점을 발견할 때… 습관적으로 없어지고 싶다는 생각이 든다. '좋아요'는 의외로 좋다는 감각과 멀다. '좋아요'는 초조하고 압도되고 과하게 쾌락적이고 우울하고 곁눈질하고 수치스럽고 음침하고 외롭지만 더욱 혼자가 되고 싶은, 갉아 먹히는 감정에 더욱 가깝다.

노리나 허츠는 《고립의 시대》에서 소셜 미디어의 유해성이 "우리의 사회적 지위를 공개적으로 만든다"라는 점에 있다고 말한다. "아주 평범한 사교 모임조차 곧잘 인스타그램에서 기념되고 스냅 스토리snap story에 게시되기 때문에 우리의 부재는 쉽게 눈에 띈다"[12]라는 것이다. 인스타그램은 모의고사 성적표를 게시판에 붙여버린 담임선생님처럼, 누군가의 팔로워와 팔로잉 수의 차이, 또 팔로워 수

12   노리나 허츠, 홍정인 옮김, 《고립의 시대》, 웅진지식하우스, 2021, 181쪽.

대비 게시물이 받은 '좋아요' 개수를 셀 수 있도록 해뒀다.

공개적으로 인기가 있게 되더라도, 언제든 그 지위가 '떡락'할 가능성에 바짝 긴장하고 있어야 한다. 사이버 불링, 신상 털기라는 21세기 카니발리즘에 노출돼 있기 때문이다. 다시 곽예인의 말을 빌리자면, 유튜브를 하더 라도 구독자 10만 명이 넘지 않는 정도? 3만 명이면 너 무 대중적이지는 않은 힙한 브이로거 구독자 규모이고, 20만 명을 넘어가면 나무위키에 내 방송 습관이 적히고, 내 인스타그램 스토리가 캡쳐당하며, 여차하면 사이버 렉카들에게 찍혀 검은 옷을 입고 "사과드립니다"라며 고 개 숙이며 인사하는 방송을 찍어야 하는 규모가 되어버 리니까.

## 30년째 동결 원고료 vs. 실시간 스트리밍

퇴사를 하고 게릴라 프로젝트로 '집필윗미'를 기획한 적이 있다. 유튜브 스트리밍 콘텐츠로, '공부하면서 돈 벌 기'라는 별칭이 있는 '스터디윗미'에서 따온 아이디어였 다. 이 프로젝트의 의도는 글쓰기 과정 자체만으로 돈 버 는 거였다. 20년 넘도록 물가가 가파르게 오를 동안 매당

1만 원으로 동결 중인 원고료만으론 결코 글쓰기 노동 값이 못 된다고 생각했기 때문이다. 교수 등 제도권 선생님이나 전문가가 아니라면 책을 낸 뒤에 강연을 다니거나(인세로 대출금을 갚았다는 사례는 로또 맞는 얘기니까 패스했다) 글쓰기 수업을 여는 게 가장 현실적이지만 나에겐 지속 불가능한 방식이었다. 이런 현실에 대해 작가 친구와 얘기하다 문득 떠오른 아이디어가 집필윗미였다. 창작품을 거는 후원 프로젝트는 많아도 그냥 글쓰는 일 자체에 후원받는 사례는 너무 적다. 그치만 스터디윗미 형식을 빌리면 가능할 것도 같았다. 영상을 편집하거나 자막을 달 필요 없이 방송만 켜면 되니까 하는 법도 아주 간단했다.

　그런데 하루만 하고 콘텐츠를 홀딩해버렸다. 방 소품을 재배치하는 것부터 시작해서 작업복은 뭘 입을지, 머리는 묶을 것인지 풀 것인지 고민하느라 시간을 날려 먹었다. 그리고 내 행동 하나하나, 눈을 깜빡이고 물을 마시고 책장을 넘기는 일들이 엄청 부담스러워지기 시작했다. 나를 보는 눈들은 물론이고 이미 보지 않은 수많은 눈들이 내 방 공기 중에 빽빽이 박혀 있는 것 같았다. 이때 쓴 일기는 이랬다.

자의식 과잉일까? 이미 아무렇지 않게 유튜브 영상을 올리는 세계인들이 수두룩 빽빽인데. 친구들은 괜찮다고 하지만 마치 옷을 보여줄 때 "그냥 사~!"라고 대답하는 것처럼 쉽게 대답해주는 게 아닐까? 그런데 왜 이렇게 심장이 빨리 뛰지? 내가 싫어했던 전 직장 동료가 나를 돌려볼 것 같아. 가족에게 미래의 내가 일으킬 물의 때문에 민폐를 끼치면 어쩌나. 그냥 이불에 들어가서 다시는 나오지 않고 싶다. 사회적인 실험은 하나의 의미일 뿐이고 나는 그냥 사이버 평판을 얻기 위해 명분이 필요했던 건 아닐까?

불안해서 미칠 것 같은 감정에 사로잡혀서 찬물 한 잔을 들이켰다. 정작 내 앞에 해결해야 할 글은 쓰지 않은 채 그렇게 만 하루가 지났다. 이렇게 부산 떨어도 충분한 시청률을 확보할 거란 보장이 없었다. 내 자아가 아예 박살날 수 있는 리스크까지 따졌을 때, '좋아요/조회수 노동'을 해야 하는 집필 라이브 스트리밍이 오히려 매당 1만 원 원고료보다 품이 훨씬 더 든다고 느껴졌다.

소속된 조직도 기댈 만한 제도도 없어 집필윗미를 시도해 본 내 경험은 이선민의 논문 〈유튜브가 기억하고 기록하는 노동: 20, 30대 여성의 직장인 브이로그에 대한 탐색적 연구〉가 잘 설명해준다. 이선민은 사회적으로 크게 주목받지 못하는 노동을 하는 젊은 사무직 여성들이 유튜브 직장인 브이로그를 운영하는 의미를 다음과 같이 설명했다.

> 인정받지 못한 현실 노동의 정체성에서 비롯된 자신의 정체성을, 유튜브라는 공간을 통해 표현하고, 창조하고, 공유하며 스스로의 정체성을 구성한다. 평가받지 못하거나 평가될 수 없는 노동은 조회 수와 구독자라는 성과로 가시화되고, 이들은 현실의 노동 공간에서 인정받지 못했던 노동의 수고로움을 인정받음으로써 위로받는다. 하지만 주변화된 자신의 노동을 전시하는 직장인 브이로그는 목적의식적으로 타인이 부여하거나 할당하는 역할을 수행하는 과정이기도 하다.[13]

## 인스타그램의 '민주주의의 향기'

독일 작가 볼프강 M. 슈미트는 인스타그램은 독과점 플랫폼임에도 불구하고 '민주주의의 향기'를 내뿜는다고

---

13  이선민, 〈유튜브가 기억하고 기록하는 노동: 20, 30대 사무직 여성의 직장인 브이로그에 대한 탐색적 연구〉, 《언론문화연구》, 제29호, 2020, 7쪽.

말한다. "기회는 평등하고, 이에 따라 누구나 스타가 될 수 있다는 점을 끊임없이 주입시키고, 아무것도 아니었던 '노바디nobody'가 단기간 안에 유명한 '썸바디somebody'가 될 수 있다는 사실을 널리 홍보"[14]한다는 것이다. 하지만 '사이버 도화살'이라는 신조어는 이 향기가 연막에 불과하다는 걸 알려준다. 도화살은 사주 용어인데, 본래 이 살이 있으면 '호색하고 음란하여 일신은 물론 집안을 망하게 한다'며 꺼렸지만 21세기에는 누군가 나에게 깊이 빠져드는 운이라 하여 도화살 메이크업. 성형까지 있을 정도로 추앙받고 있다. 사이버 도화살로 유명한 사람으로 래퍼 이영지가 있는데, 그냥 가볍게 던진 말도 수많은 알티와 '좋아요'를 받는다. 결국 사이버 도화살이란, 온라인에서 인기를 얻는 건 일부만 누릴 수 있는 '운'의 영역이라는 게 전제된 용어다. 그리고 이 운은 그저 하늘에서 떨어진 운이 아니라, 부모(혹은 조부모)의 문화 자본과 사회적 지위에 따라 어느 정도 결정된 운이기도 하다.

우리는 관심 재벌, 관심 중산층, 관심 빈곤층이 서로가 훤히 보이는 한 공간에 거주하고 있다. '샤덴프로이데

---

14    볼프강 M. 슈미트·올레 니모엔, 강희진 옮김, 《인플루언서》, 미래의창, 2022, 75쪽.

schadenfreude(남의 불행이나 고통을 보면서 느끼는 기쁨)'라는 개념은 불평등감이라는 정치적 분노이기도 하다. 나는 이제 누군가 부유하고 예쁘고 잘 먹고 잘 사는 일에 시기하거나 질투하는 일에 무뎌졌다. 바꿔 말해, 불평등에 무뎌졌다. 그런 부정적 감정에도 에너지가 든다. 이걸 해결할 책임이 있는 정치권조차 관심을 어디에 분배해야 할지 모르는 무능 상태에 빠져 있다. 정치인의 얼굴을 아이돌 생일 축하하듯 지하철 광고 전광판에 싣는 정치 팬덤화 현상은 우리 사회에 익숙한 풍경이 됐다.

나아가 사람들은 오히려 민주주의를 바라지 않는 쪽 같다. 사회학자 오찬호의 책 제목《우리는 차별에 찬성합니다》를 빌리자면 우리는 관심 차별에 찬성한다. 관심이 비교될 수 있고, 내가 얼마나 다른 사람보다 인기가 많은지 우월함을 확인하는 권력 감정은 짜릿하기 때문이다. 인스타그램이 '좋아요' 개수가 표시되지 않는 기능을 도입했지만 달콤한 막대사탕 하나 쥐어주는 것뿐이다. 혹은 타조가 포식자를 만났을 때 모래바닥에 얼굴을 처박는 것처럼 그저 문제를 눈에 보이지 않게 만드는 방식이다.

# '좋아요'보다 '괜찮아'

미국 정치인 아들라이 스티브슨Adlai E. Stevenson은 "인기가 없어도 안전한 사회가 자유로운 사회다a free society is a society where it is safe to be unpopular"[15]라고 했다. 우리 사회에서 부당한 일이 일어나도 '국민청원' 동의로 관심을 끌어야만 그나마 해결의 기미가 보이는 건 무언가 잘못됐다(이마저도 폐지됐지만). '좋아요', 조회수는 환대가 아니다. 평론가 권유리야의 논문 〈귀여움과 장애, 기형적인 것의 향유〉에 따르면, "공적 시스템에 의한 돌봄을 확신할 수 없는 사회에서는 유머, 사교성, 언변, 충성심, 공감의 태도, 아름다움과 같이 사적인 매력이 사회적 생존을 결정한다. 따라서 한 사회에 귀요미가 많다는 것, 그만큼 그 사회의 권력이 안정적이지 못함을 의미한다."[16] 여기서 귀요미를 인플루언서로 바꿔 읽어도 무방하다. 특출나지 않더라도 고유한 존재로서 존경을 주고 받을 수 있다면, 나의 의견이 사회적 지위나 부의 수준 그리고 생김새에 상관 없이 경청되는 장소가 많다면 과연 지금만큼 '좋아요'를 얻으려

15  케이트 본스타인, 조은혜 옮김, 《젠더 무법자》, 바다출판사, 2015, 139쪽.
16  권유리야, 〈귀여움과 장애, 기형적인 것의 향유〉, 《한국문학논총》, 제79호, 2018.

고 했을까?

내가 고려할 수 있는 관심의 종류는 SNS '좋아요' 말고도 다양하다. 시민적 관심, 비혈연 가족의 관심, 고양이·개·말·돼지·문어 같은 비인간 존재들의 관심…. 특정 관심에 대한 욕망에만 비중을 두고 나머지엔 무관심한 건 무언가 이상하다. 반대로 나는 누군가에게 관심을 주는 존재이기도 하다. 관심을 기울이는 능력 대신 어떻게 관심받을지만 몰골하고, 스토킹의 경계와 모호해지는 '염탐'으로서의 관심만 주고 있다. 내가 자랑하고 싶은 속내로 올린 게시글이, 내가 누군가의 게시물을 볼 때 느끼곤 하는 박탈감과 같은 감정을 일으킨 적이 있을 거다. 나도 그 '좋아요'에 얽힌 외로움과 소외의 공모자다.

우리 모두는 어딘가 인기가 없는 존재다. 이렇게 모두가 공유하는 취약함은 '좋아요' 강박의 사회에서 벗어날 중요한 실마리일 것이다. 하지만 이 실마리만으로는 좋아요 사회라는 미궁을 헤쳐나갈 자신이 없다. 사실 이 미궁을 꼭 나가야 하는지도 모르겠다. 어디까지가 피로감이고 어디서부터 쾌감인지 모호해 멀미를 하던 시절은 지났다.

아니면, '좋아요' 대신 '괜찮아'를 서로와 스스로에게 건네주는 건 어떨까? 그 절벽에서 다같이 뛰어내리지는 못

하더라도, 괜찮아. '좋아요'를 혈연 가족이나 가까운 친구 몇몇만 간신히 눌러줘도, 괜찮아. 그럴 수 있지. 스노우 필터를 씌워야만 나 같아도, 그런데도 누구의 셀카보다 인기가 없어도, 괜찮아. 계속 '좋아요'를 더 받을 수 있을지 전전긍긍하며 인스타그램 앱을 껐다 켰다 반복하느라 중요한 일에 집중하지 못해도, 괜찮아. 한심해도, 괜찮아. 괜찮다고 계속 반복해도 안 괜찮아져도, 괜찮아. 그냥, 괜찮으면 뭐 어때. 희미하게 감각된다, '좋아요'에 충혈된 힘이 조금 흩어지는 게.

## 나가며: 쓰기에 대한 쓰기들

하나의 책을 쓰기 위해서는 온 마음들이 필요했다. 이건 쓰기에 대한 쓰기들이다.

## 1.

-트렌드를 다루는 책이기에 시의성이 빠르게 닳을까 걱정됐다. 그래서 집필 초기에 유행어나 밈을 최대한 자제하고 보편에 가깝게 쓰려 했다. 하지만 그럴수록 글이 생기를 잃었다. 나중에서야 지금 여기의 표정을 생생히 담겠다는 마음으로 오히려 좁게 쓰니 풀렸다. 분사구를 좁힌 만큼 그 수압이 강하기를.

-글쓰기 스타일을 많이 바꿨다. '이미 〈한겨레21〉 문화 중독기 칼럼을 읽어보셨다고요? 감사합니다. 근데요, 이건 또 다르거든요?'

-내가 얼마나 고유하면서도 특별하지 않은 필자인지

알게 됐다. 계속 쓰는 일은 곧 다른 쓰는 이들의 목록을 익히는 일이기도 하니까. 각자가 천착하는 주제, 장르, 쓰기 스타일, 관점들 그리고 그 관계들. 예전엔 다른 작가들을 알아가는 게 조급한 쪽이었지만 이제 더 잘 쓰고 읽고 싶은 마음을 자극한다. 직접 만나는 건 부담스럽지만(그대들은 만나준다는 생각도 안했을 텐데 이런 생각부터 해서 죄송합니다) 멀찍이서 알아가고 싶다.

 -저자 1교를 볼 즈음엔 스타벅스 주문번호 종이들을 모으는 취미가 생겼다.

 -이제 어딜 가서 스스로를 공시생이라고 둘러대지 않을 수 있겠지?


## 2.

 여러 작법서들과 다양한 장르의 사설 글쓰기 강의를 듣고 익혔다. 작가가 되고 보니, 그 수많은 작법 이야기에서 공통적으로 빼놓았던 사실이 있었다. 번역투를 지양하고, 오히려 의미가 모호해질 수 있는 수식어를 자제하고, 서론-본론-반론-결론이라는 형식을 염두에 두고, 논리적 짜임새를 촘촘히 하고…. 그런데 정작 그런 작법을 훈련할 환경이 마련되지 않는다면 이 모든 말들이 무슨 소용이지? 물론 '순수한' 작법과 작가를 둘러싼 사회정치적 조건은 따로 논의할 차원이기도 하지만, 작법에 비해 그 조건에 대한 사회적 관심은 이상하리만치 표백돼 있다. 지난 5년간 프리랜서 작가 생활을 이어오면서, 글 그리고 삶까지 포기하고 싶은 마음들과 지나치게 가까워졌다. '마감이 있어야 글을 쓴다'는 우스갯소리를 작가들끼리 하지만, 사실 무서운 말이다. 마감이 없으면, 지면과 원고료가 없다면 글도 작가도 존재하지 않는다는 말이다. 물론 버지니아 울프는 일찍이 여성이 글을 쓰기 위해서는 '자기만의 방과 연간 500파운드의 소득이 필요하다'고 말한 바 있다. 하지만 내가 과문한 탓인지, 100년 전의 먼 타국의 작가가 남긴 말만 회자되고 지금 우리 사회에 시급한 문화 정책이나 제도에 대한 구호는 묻히기 일쑤다.

왜 원고료는 30년 째 동결될 수밖에 없었을까? (그리고 왜 원고료를 올리자고 주장할 때 죄스러운 기분이 들까?) 어찌저찌 작가 지원금 사업을 따 내도, 지원금 규모가 한 달 생활임금에 훨씬 못 미치는데 다른 소득 활동은 금지하는 사업이 있는 걸까? 왜 예술인 지원 제도는 문학과 비문학을 구별 짓는 걸까? 국고보조금을 두둑히 받는 사립대학들의 도서관은 일반 시민의 출입에 대해 왜 그렇게 폐쇄적일까? 일부 작업실 지원 제도는 이미 경력이 있는, 특정 장르의 작가들에게만 주어지는 게 당연하니 그 밖의 작가들은 작업하기 적당한 분위기와 카페 콘센트를 찾아 전전하는 '민폐 카공족'이 될 수밖에 없는 걸까? 각개전투의 쓰기 환경에서 특히 여성 작가 혹은 '지망생'들은 일부 쓰기 선생들의 성폭력과 갑질에 알아서 조심하는 수밖에 없을까? 그래서 제도권이라는 배경이나 주목 자원이 있는 일부 작가만 스타로 살아 남느라 결국 일부 주제에 대한 책만 양산되고 결국은 누구도 책을 읽지 않는 사회가 턱밑까지 도래하게 했는데도, 왜 이런 구조는 지속되는 걸까? 글쓰기를 사랑하는 사람으로서, 언젠가 꼭 이 문제들을 해결하는 데 동참하거나 기여하고 싶다. 그 전에 나, 앞으로도 작가로서 계속 생존할 수 있을까?

### 3.

이 책에 나의 너무 많은 것을 투사해 버렸다. 거슬러 올라가면 친구의 죽음을 계기로 화학공학과에서 철학과로 전과했을 때부터 사회경제적 감각으로부터 자의 반 타의 반 고립된 시간들, 학자금에 한도까지 끌어 받았던 생활비 대출금, 언론사 입사 대신 프리랜서 작가로 생활하기를 결심한 순간, (아마 내 가족도 그랬을) 내가 누구인지 단번에 설명하지 못하거나 가장했거나 부풀렸던 자기소개 시간들, 색종이 조각처럼 흩어진 경력들, 연차를 몽땅 마감에 써 버린 일들, 카페 작업을 위해 때웠던 편의점 김밥들, 알아서 먼저 밥을 사준 사람들에게 얻어 먹은 식사들, 그렇게 아낀 돈을 의미있는 데 쓰지 못하고 사주 상담을 봤다가 막말을 들었던 순간들, 성격이 더 예민해지길래 가진 것도 얼마 없으면서 인성마저 ♡되면 어쩔 거냐고 스스로에게 묻던 일, 결국 한참 놓쳐버린 K-소셜 클럽(그러게요, 누가 등 떠민 것도 아닌데). 그치만 이 글을 쓰는 순간에도 쏟아져나오는 책들 사이에서, 내 책은 그 중 하나일 뿐이다. 너무 기대하면 못 쓴다고, 스스로를 달래고 되뇌려 애썼다.

에필로그를 쓰는 이 시점에서, 나는 그냥 이 책이 잘 되기를 실컷 기대하고 실컷 전전긍긍해하고 실컷 대단해하고 실컷 실망하기로 했다. 몇 쇄는 넘으면 좋겠다는 주제 넘는 바람들도 있지만 여기서는 접어 둔다. 그래도 이 책을 품에 끼고 사람들을 만나러 갈 때면 한창 날이 매서울 계절일 텐데, 그때 걸칠 근사한 코트 하나쯤 살 만큼은 잘되면 좋겠다.

# 4.

책에 감사한 분들을 언급하는 게 그저 인사치레가 아니라는 걸 직접 쓰면서 알았다. 하나의 책을 쓰기 위해서는 온 마음들이 필요했다. 이 책을 쓸 수 있던 몸의 출처들이자 사랑의 참고문헌들인 만큼 구구절절 밝혀야겠다.

먼저 이 책이 탄생할 수 있도록 르포작가 공모전 제도를 마련하고, 제 기획을 선발해 주신 〈한겨레21〉에 감사드립니다. 이후에 몇 편의 글 그리고 '청춘의 겨울' 칼럼을 연재할 수 있도록 귀중한 지면을 할애해 주신 덕분에 작가로서 이만큼 성장할 수 있었습니다. 특히 구둘래 기자님은 바쁘신 와중에도 제 거친 원고들을 여러 번 검토하고 부족한 부분에 대해서는 조언을 아끼지 않아 주셨습니다. 미숙함이 양해되고 격려받을 수 있던 경험을 잘 간직하겠습니다. 구 기자님이 손수 제작해 선물해 주신 비즈 귀걸이는 여름마다 잘 착용하였습니다.

르포작가 공모전 때 제 기획을 선택해 주신 한겨레출판에 감사드립니다. 한겨레출판에서도 제 고민의 과정을 기다려 주셨습니다. 중간에 출간 기획을 여러 번 변경하여 검토를 요청 드리게 되었을 때, 진지하게 존중하고 반영해주신 덕분에 지금의 글쓰기와 문제의식에 비로소 닿을 수 있었습니다. 특히 이연재 편집자님께서 제 책을 맡아주신 건 행운이었습니다. 하나의 책이 탄생하는 데는 글, 그리고 쓰는 사람에 대한 돌봄이 필수적이라는 것을 알게 되었습니다. 슬럼프에 빠졌을 때 뵙게 되었는데, 제 마음을 헤아리면서도 글의 의미와 독자의 존재를 환기하며 집필에 대한 열정을 되살려 주셨습니다. 저보다도 제 글을 깊이 헤아리고 짚어 주신 덕에 글의 퀄리티를 훨씬 높일 수 있었고, 책이 제작되는 대목마다 그 결정의 과정과 근거들까지 상세히 들려주셨습니다. 마음이 흩어질 때마다 좋은 편집자를 위해 좋은 작가이고 싶다는 다짐 덕에 나아갈 수 있었어요. 앞으로 이 편집자님의 손을 거쳐 갈 책들이라면 믿고 읽을 것이고, 읽고 싶습니다. 더불어 제 책을 위해 머리를 맞대 주신 한겨레출판 편집팀과 마케팅팀, 디자이너 선생님, 교정교열 담당 선생님 그리고 인쇄소 사장님과 직원분들께 감사드립니다.

　서울 마포구의 인문학 아카데미 '말과활아카데미'의 문부식, 김선아 선생님께 감사드립니다. '검증되지 않은' 작가임에도 이 책에서 세 꼭지(데이트앱, 사주, 좋아요)를 뽑아 기획한 '비평-파티' 그리고 북토크 공모전 지원 기회를 마련해 주셨습니다. 비평-파티는 신청자가 적었는데도 격려해주시고 되려 공간 사용비를 한사코 거절하며 모두 강의비로 보내주셨습니다. 당시 작가로서 생존할 수 있을지 유난히 힘들어했던 시기이기에 큰 위로를 받았습니다. 이외에도 말과활아카데미에서 기획한 강의들 덕에 졸업 이후에도 학교 밖에서도 배움의 즐거움을 얻고 작가로서의 역량을 키울 수 있었습니다.

학술공동체 '신촌문화정치연구그룹'에도 감사드립니다. 이 책의 파일럿 원고를 발제할 기회와, 흥미롭고 유익한 세미나를 마련해 주신 덕에 많이 배웠습니다. 학계 바깥의 연구자에게 환대하는 기조로 청년 및 문화 연구에 대한 마음이 덜 외로울 수 있었습니다.

제가 갔던 카페의 마감 파트 아르바이트 노동자분들께 감사합니다. 최소한 마감 15분 전에 자리를 정리하려 했으나 미처 그러지 못한 때도 있었습니다. 저도 카페 마감 알바 때 퇴근이 늦어질까 전전긍긍했던 사람으로서, 언젠가 연장근무와 초과수당, 마감 노동자 인력 충원 문제에 대해 함께 고민할 기회가 있다면 힘을 보태겠습니다.

그리고 위에 언급한 모든 건물과 매장의 경비 및 청소 노동 담당 선생님들께 감사드립니다.

이 책의 출발점인 '좋아요 사회' 르포 기사를 쓸 때 인터 뷰를 흔쾌히 응해 주신 분들, 인용을 허락해 주신 분들 그 리고 추천사를 써 주신 김현미 교수님, 양다솔 작가님, 박 참새 작가님께 감사드립니다.

서로의 역사를 간직하면서 지금의 모습도 응원해주는 학창시절 멤버 가영·나영·지현, 활동과 노는 즐거움을 함 께 나눈 문단 내 성폭력 피해자 연대체 '아가미' 멤버 수리 와 뽀, 비록 잘 '안' 모여도 서로의 활동과 글에 자극을 주 고받는 〈한겨레21〉 교육연수생 동기 보현·석우·수현·지 혜, 학계도 활동계에도 속하지 않은 위치로 불안해할 때 페미니스트 작가 커뮤니티 기획을 제안한 쓰기 노동자이 자 달곰 누나 한슬에게 감사합니다. 여기에 전부 적지 못 했지만 안부를 묻거나, 밥과 차를 사 주거나, 일을 제안하 고, 비록 전부 동의하지는 않더라도 관심을 내어 제 글을 읽어준 사람들 그리고 지금은 멀어졌더라도 제 곁에서 한 시절들을 보내 주신 분들께도 모두 감사드립니다.

비평-파티의 패널 오빛나리·곽예인 작가에게 감사합니 다. 오빛나리는 힘든 시기에 '누구나 사랑에 빠질 수밖에 없는 로맨틱한 나리의 방'에 초대하여 저에게 알록달록한 옷을 입혀보곤 한꺼번에 선물하고 예뻐해 줬습니다. 곽예인도 "가고 싶은 대로 가고, 걷고 싶은 대로 걷는" 장면들로 이끌고 좋은 일거리들과 자리들을 물어다 주었습니다. 어떤 연예인과 말도 안 되게 닮았다고 해 주어서 겉으로는 손사래 쳤으나 내면의 K-여자를 기쁘게 하였습니다. 나리와 예인 모두, 앞으로도 동료 작가로서 자극을 주고받고 불안을 나누고 서로의 매력을 발견하도록 합시다.

"네가 쓰는 글이라면 좋은 글이겠지"라며 신뢰를 보내주고 '잡문으로서의 쓰기'를 긍정하며 작가됨의 불안을 나눈 동료 작가 혜강과, 핸드폰비나 교통비같은 것이어도 좋으니 연락을 못한 햇수만큼 생일선물을 주겠다길래 액정 수리비를 말했더니 '액정이이게뭐꼬'라는 입금자명으로 입금하고(사실 돈이 없어서 생활비로 썼어. 근데 너무 요긴하게 썼어) 저보다 어린데 "도우리 개어림 존나 어린데 책도 쓴다 개대단"하다고 응원하며 잘 살아있어준 레나에게 감사합니다.

또 이 책을 몰입해 쓰는 시기에 가장 가까이 곁에 있어준 J에게 감사합니다. 열악한 처우의 회사에서 존중받지 못하고 일할 때 대처 방안을 조언해주고, 본인이 가출할 때 갖고 나온 돈 중에서 차용증 쓰고 400만원 빌려준다며 퇴사라는 선택지를 열어 준 덕에 정신과 약값을 덜 쓰게 했습니다. 내게 잘못한 이들에게 오함마 들고 쫓아간다며 대신 성내고, 결혼하면 축의금 50만 원인데 이혼할 때마다 100만 원씩 준다고 약속했으며, 이외에도 서로 나누었던 가성비 라이프 팁이나 길거리에서 말았던 칵테일들, 말 같지도 않은 드립과 짤들 덕분에 크게 웃었습니다. 저의 불안과 기복들과 추함에 대해 '그럴 수 있지', '괜찮다'고 해 준 덕에 '좋아요 중독기' 결부를 마무리지을 수 있었습니다. 사랑하는 J에게, 당신은 앞으로 오래 살아서 나와 더 놀아야 합니다.

마지막으로 가족들에게 감사합니다. 자주 안부 전화를 걸어주고 매번 사랑한다는 목소리를 들려준 덕분에 살아올 수 있었습니다. 특히 우리 엄마에게, 오랜 기간 변변치 못한 직업도 없이 지내 온 딸인데도 '든뿌니(든든한 뿌리 예쁜이)'라는 별명으로 부르며 항상 무한하고 완벽한 신뢰를 보내준 크나큰 사랑에 감사하고, 사랑한다는 말을 전합니다.

## 5.

이 글이 데려다 줄 관계들과, 기쁨들과, 어쩔수 없이 겪거나 줄 상처들을 헤아려 본다. 그러면서 또 쓰게 될 시간들을 예감한다. 그러니 더 살아보고 싶다.